Trading sur Forex

Des Stratégies Éprouvées Pour Faire de L'argent Sur Forex d'une Maniere Facile

Stephen Benjamin

Mentions légales

COPYRIGHT

Tous droits réservés. Aucune partie de cet ouvrage ne peut être reproduit sous aucune forme. Cela contient la reproduction, l'enregistrement, ou n'importe quel système de stockage, ainsi que le restaurer ou le redistribuer sans une autorisation écrite de l'auteur. Cet ouvrage ne peut pas être vendu sous n'importe quel cas. Vous n'avez que les droits personnels pour l'utiliser.

AVERTISSEMENT

En utilisant cet ouvrage, vous acceptez que les informations figurant s'agissent des informations éducative générale et que vous ne tiendrez personne responsable des pertes ou dommages résultant de ce contenu.

Notez bien que trading sur Forex ou trading d'autres produits nécessite un risque élevé et ça ne correspond pas à tous les investisseurs. Avant de commencer à faire l'une de ces transactions, assurez-vous de bien comprendre les risques impliqués et cherchez des conseils indépendants si c'est nécessaire.

Toutes les opinions ou autres informations figurant dans cet ouvrage sont uniquement pour un but éducatif et ne constituent pas des conseils d'investissement.

Droits d'auteur © 2015 Stephen Benjamin

Le traductrice: Karima Tariq

ISBN: 9798373422833

Tous droits réservés

Sommaire

Préface 5

Chapitre 1 7

Introduction 7

    Comprendre La Plateforme MT4 8

    Paires De Devises 19

Chapitre 2 25

Analyse De Tendance 25

    C'est Quoi La Tendance? 25

    Tendance Haussière 26

    Tendance Baissière 28

    Marché Latéral / Rangement 29

    Comment Déterminer La Tendance Sur Le Graphique ? 31

Chapitre 3 33

Comprendre Les Niveaux Clés 33

    Quels Sont Les Niveaux Clés? 33

    L'utilisation D'une Ligne De Tendance 41

Chapitre 4 47

Signaux De Trading 47

    Signal De Commerce Deux: GRABBER 58

    Trois Signaux De Trading: Modèle D'inversion De 2 Barres 64

    Quatrième Signal Du Trading : Modèles De Gravure 68

    Cinq Signaux Du Trading : Modèles De Double Pénétration (Drpo) 74

Chapitre 5 81

Quand Une Configuration Du Trading Échouera 81
Prix De Décrochage Après Une Barre D'épingle 81

Utilisation De Stochastique Pour Déterminer Le Momentum 83

N'acheter Pas Ou Vendre Aux Niveaux Clés 89

Chapitre 6 97

Gestion Des Risques Et De L'argent 97
Risque 97

Récompense 99

Taille de la position 100

Chapitre 7 105

Trading En Tant Qu'un Business 105
Plan De Trading Sur Forex 107

Chapitre 8 111

Conclusion 111
InstaForex 112

Courtier de XM 113

Préface

Trading sur Forex est l'une des activités commerciales les plus faciles dont un individu peut travailler avec. Pour la commencer, elle ne nécessite pas un grand budget comme un projet concret; juste un support électronique (un ordinateur, pc portable ou une tablette), connexion internet, un bon courtier et un minimum budget de $100 pour commencer.

Peut-être vous vous-enquériez si trading sur Forex est assez facile ; pourquoi les gens donc ne travaillent pas avec? Les gens qu'ils ont déjà travaillés avec Forex et ils ont perdu de l'argent vont vous déconseiller de ne pas y travailler et de perdre votre temps dans une telle activité commercial, ils vont vous considère comme une personne qui n'a rien à faire. Du coup pour eux, c'est mieux de créer un projet concret que vous pouvez contrôler plutôt que regarder un graphique et attendez que votre argent disparaisse en un clin d'œil.

En fait, trading sur Forex est facile pour faire de l'argent en ligne et il fonctionne bien si vous avez un avantage commercial. Au cas où vous avez requérez la majorité des gens qui ont perdu leurs argents qu'échangeaient-ils? Pourquoi ils ont échangés cette configuration? Ils ne vont sûrement pas être capables de définir leurs avantages commerciaux ainsi ce qu'ils voient avant de placer leurs échange.

Afin de réussir dans le trading sur Forex, vous devez acquérir les compétences nécessaires et les tester avec des comptes démo pour que vous puissiez savoir la vraie stratégie de trading qui s'adapte avec vous.

L'un des choses les plus importants dont trading sur Forex nécessite est d'avoir un avantage commercial. Ce dernier est le critère de votre réussite dans trading sur Forex.

En outre, l'avantage commercial est les signaux que vous cherchez sur le marché et qui vous informera quand vous pouvez acheter ou vendre.

Cet ouvrage est écrit spécialement pour vous donne le vrai avantage commercial qui va vous aider de faire le trading sur Forex d'une manière rentable. Si vous avez déjà essayé le trading sur Forex ou vous êtes encore débutant dans ce domaine, je crois profondément que l'application des stratégies à venir comme il le faut, va vous garantir votre succès de rêve dans trading sur Forex, car l'avantage commercial que je vais partager avec vous fonctionne dans tout les marchés et tous les délais.

Dans ce cadre, je vous invite à suivre progressivement les étapes que je vais partager avec vous sur trading d'une manière rentable et sans connaissances préalables des techniques de trading sur Forex.

Est-il possible ? Oui, c'est possible. Je suis un exemple vivant d'un trader qui a rencontré les difficultés et les échecs et les transformé en profits et succès. Si j'ai arrivé à le faire, vous pouvez le faire aussi.

Vous n'aurez pas besoin de beaucoup des connaissances préalables sur les techniques de trading. La simplicité est la chose primordiale ici. Restez simple et vous serez l'un des rares traders prospères dans ce domaine. Il suffit de suivre les étapes que je vais partager avec vous pour un parcours réussie dans le trading sur Forex.

J'espère de trouvez cet ouvrage utile et bénéfique.

Bienvenue au terrain.

Stephen.

Chapitre 1

Introduction

Je vais prendre en considération que vous n'êtes pas nouveau sur les bases du trading sur Forex. Du coup, le plan de cet ouvrage et ses détails vont être basé sur cette considération.

L'une des premières choses que je vous ferai savoir en tant que trader (sois vous êtes encore débutant ou vous avez du mal dans le trading) est que si vous voulez réussir dans le trading, commencez par le GRAPHIQUE JOURNALIER ou par le CALENDRIER QUOTIDIEN. Avez-vous entendu ça ? Le calendrier quotidien. Ce dernier est votre premier secret pour réussir dans le trading sur Forex.

Oh! Je vous entends dire, voulez-vous dire que les gens qui échangent 1 heure, 5 minutes, 30 minutes, 4 heures n'échangent pas d'une manière rentable? Non! Pas du tout. Ce que je suis en train de dire est que si vous perdez toujours de l'argent et vous trouvez toujours des difficultés pour faire du profit durable sur ce terrain, votre ennemi ici que vous devez combattre est n'importe quel laps de temps en dessous du laps de temps quotidien. La vérité est que vous aurais besoin d'assez d'expérience, concentration et de capacité pour décider rapidement d'échanger un délai plus court. Et c'est l'une des raisons pour lesquelles vous perdez l'argent.

Pour tout vous dire, assurez-vous de chercher bien avant. Vous allez constater que la plupart vont vous déconseillez de trader le graphique journalier, car ils savent que vous allez faire quelques erreurs et que vous allez profiterez plus. Vous allez perdre plus dans le laps de temps inférieur plutôt que dans le graphique journalier, et c'est un avantage pour eux. Et puis, je peux vous dire que la plupart des traders professionnels n'échangent pas moins de temps que le graphique journalier. Au mieux, ils peuvent toujours échanger une durée de 4 heures, mais à tout moment une durée inférieure à celui-ci; ils le considèrent comme n'importe quoi.

En résumé, si vous voulez transformer vos pertes en gains, suivez mes conseils. Arrêtez d'échanger les durées inférieures et concentrez-vous maintenant sur le graphique journalier jusqu'à ce que vous gagniez l'expérience et la confiance pour que vous puisse échanger la durée inférieure..

Comprendre La Plateforme MT4

Si on est sur la même voie maintenant, j'aimerai bien parler plus à propos de la plateforme MT4. Si vous savez déjà comment l'utiliser, vous pouvez sauter cette page ; mais pour les débutants, ça sera l'occasion pour eux :

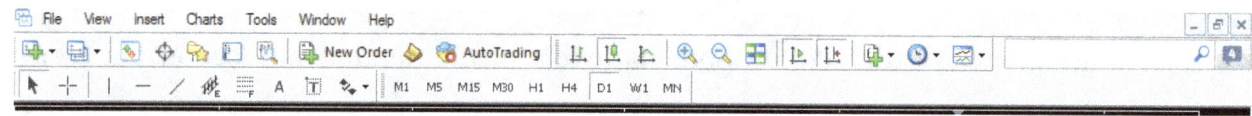

Cette capture d'écran est un exemple typique de ce que vous allez voir sur la plateforme MT4 en tant que trader.

Lorsque vous souhaitez acheter ou vendre, cliquez-vous sur 'NEW ORDER' comme indiqué ci-dessous

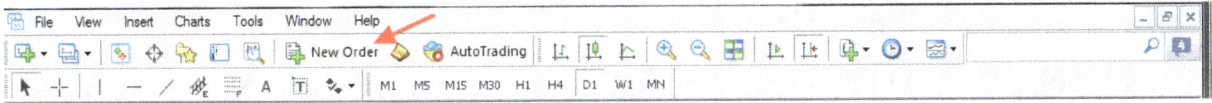

Il vous redirigera vers la page ci-dessous:

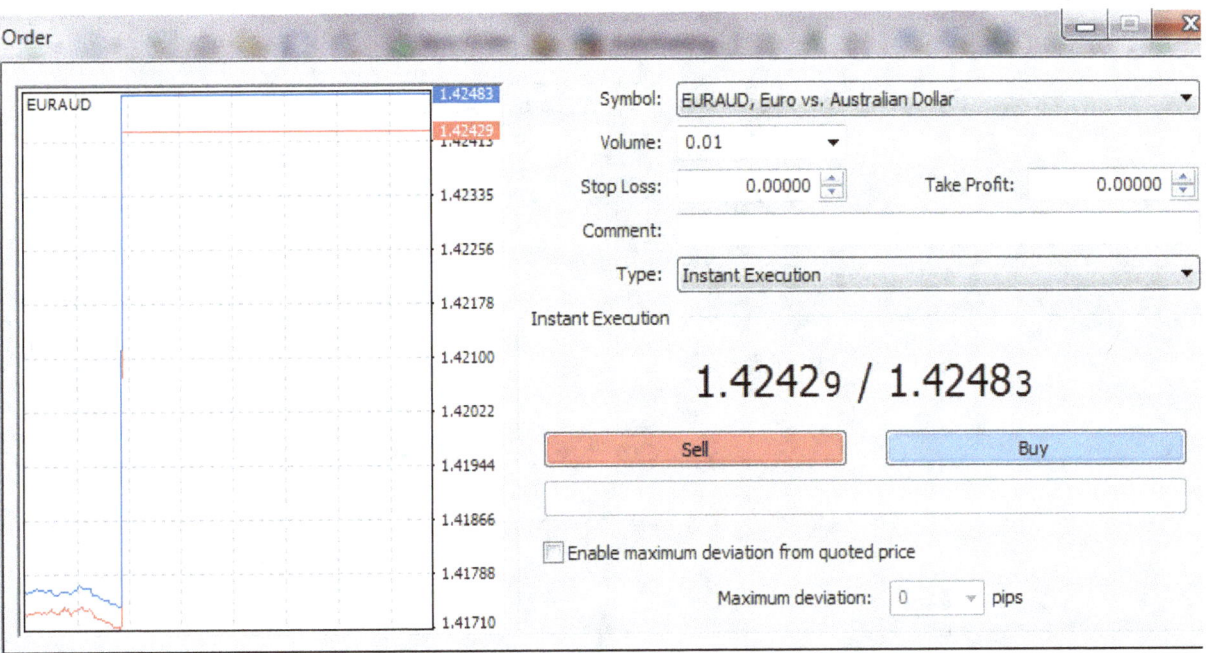

Vous pouvez voir le Symbole correspondant aux paires de devises que vous échangiez. Dans ce cas, c'est EURAUD ou Euro contre le Dollar Australien; il peut s'agir de GBPUSD, EURUSD et USDJPY selon la paire de devises que vous souhaitez échanger.

L'élément suivant est le Volume. Le volume est la taille du lot que vous souhaitez échanger. On peut dire la quantité de transactions que vous souhaitez le courtier d'ouvrir pour vous. Le moindre est 0.01 volume, vous pouvez voir une taille de lot de

0.01 à 8.00. Le volume avec lequel vous échangez déterminera 'la valeur du pip' qui vous est remis en dollars lorsque vous faites du profit ou perte.

Si vous choisissez 1.00 lot, votre valeur du pip sera $10 ou environ $10 selon la paire de devises. Sinon, 0.01 lot va vous donnez $0.1 pip, et 0.02 lot va vous donnez $0.2 en valeur. Et 2 lots va vous donnez $20, etc. Vous pouvez essayer ça avec un compte démo pour mieux connaître l'équivalent pour chaque taille de lot en dollar car les valeurs varient selon le type de compte que vous ouvrez, soit un compte mini, micro ou standard.

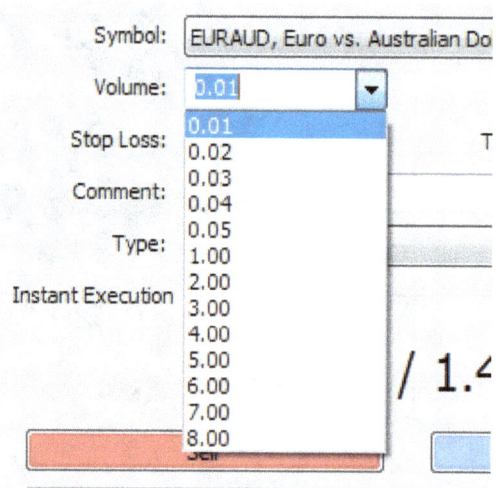

STOP-PERTE

Il s'agit de l'ordre donné à votre courtier pour vous retirer du marché au cas où la transaction échoue et va contre vous. Dans un tel cas, vous dites à votre courtier que 'si cet échange s'inverse contre ma direction d'analyse, sortez-moi du marché à ce niveau pour arrêter ma perte'

REMARQUE: Il est très important que vous saisissiez le stop-perte dans le trading, sinon vous invitez un tsunami.

Imaginez ce scénario dans le graphique GBPCHF ci-dessous, imaginez que vous achetez cet échange et que vous n'avez pas mis le stop-perte, votre compte sera soufflé par tels occurrences imprévus comme celui-ci. Donc le STOP-PERTE est OBLIGATOIRE.

TIRER LE PROFIT

Il s'agit du niveau de prix que vous définissez de telle manière. Si le prix évolue en votre faveur et il atteigne ce niveau, le courtier doit prendre votre profit et l'ajouter dans votre compte. Ou une commande en termes de prix donnée à votre courtier pour prendre vos gains une fois que le prix atteint votre niveau de prix cible.

TYPE D'ORDRE

L'ordre d'achat ou de vente peut être instantané comme indiqué ci-dessus ou en attente. L'ordre instantané est lorsque vous achetez au prix actuel du marché. Si, maintenant dans le marché, le prix de l'EURUSD est 1.4200 / 1.4203, vous pouvez acheter ou vendre à ce prix sans attendre que le prix baisse ou monte avant d'agir.

Ordre en attente: L'ordre en attente est divisé en 4 catégories.

LIMITE D'ACHAT

Il s'agit d'acheter en dessous du prix actuel du marché. Cela se produit lorsque vous prévoyez que le prix baissera (retracez) et au lieu de passer un ordre d'achat à un prix élevé, achetez-vous lorsque le prix est moins cher que ce que le marché vous offre maintenant. Dans ce cas, placez-vous une limite d'achat.

LIMITE DE VENDRE

Il s'agit de vendre le marché lorsque vous avez fait votre analyse et prévoir que le marché va augmenter probablement avant de finalement vendre (retracer). C'est un ordre utilisé pour vendre le marché. Si le prix est actuellement 1.201 et que vous voyez qu'il va attendre 1.220 et une résistance (un niveau qu'il ne peut pas repousser avant de baisser), placez-vous une limite de vente à 1.220. Dans ce cas, une fois que le marché est arrivé, le courtier effectuera une transaction de vente pour vous.

STOP D'ACHAT

il s'agit d'un ordre donné à votre courtier pour acheter le marché lorsque le prix est supérieur au prix du marché actuel. En supposant que vous voulez acheter un échange sur EURUSD et vous prévoyez qu'il pourrait probablement vendre avant qu'il achète, et vous n'êtes pas sûr, ou vous voyez une résistance qui pourrait peut-être causer le prix à retracer ou à diminuer. Dans ce cas, placez-vous 'Stop d'achat' pour rejoindre le marché une fois qu'il a réussi finalement à briser la résistance et afin de ne pas rater l'opportunité. Ce type d'ordre nous aide à saisir l'opportunité.

STOP DE VENDRE

il s'agit d'un ordre donné à votre courtier de vendre le marché pour vous lorsque le prix est inférieur au prix du marché actuel. Cela se fait dans un cas où vous voulez être sûr que le marché va réellement dans la direction souhaitée avant de rejoindre le marché. En supposant que vous souhaitiez échanger les ventes sur l'EURUSD, vous prévoyiez qu'il pourrait probablement acheter avant de vendre et que vous n'êtes pas sûr ou que vous voyez un support qui pourrait probablement faire remonter ou rebondir le prix. Dans un tel cas, placez-vous le 'Stop de vendre' pour rejoindre le marché une fois que le marché a enfin réussi à casser le support et pour ne pas rater l'opportunité. C'est ce type d'ordre qui nous aide à saisir l'opportunité.

L'article suivant que vous voyez est vendre et acheter. Il s'agit du prix auquel vous vendez ou achetez sur le marché. Il est appelé exécution instantanée. Si vous regardez ce prix, vous voyez 1.42429 / 1.42483. Si vous achetez EURAUD, vous achetez à 1.42483 et si vous vendez, vous vendrez à 1,42429. La différence entre ces deux prix est l'écart.

PROPAGATION

Il s'agit de la charge de montant du courtier pour chaque vente ou l'achat afin que vous placiez sur leur plateforme sur chaque paire de devises. On outre, il est calculé en soustrayant l'achat de la vente. A titre d'exemple ci-dessus, la propagation est (1.42429 – 1.42483) qui est 0.00054. Dans le vrai sens, ne tenez pas compte du 0000 avant 54. Ce courtier facture 5.4pips pour la paire EURAUD. Certains peuvent facturer plus ou moins, ça dépend du courtier. La propagation est la façon dont les courtiers gagnent légalement leur argent auprès des traders.

LAPS DE TEMPS

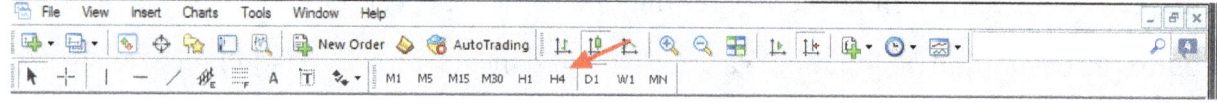

Le laps de temps commence à 1 min, 5 min, 30 min, 1h, 4h, chaque jour, chaque semaine et chaque mois. La flèche rouge indique où vous pouvez le trouver sur le MT4

INDICATEURS

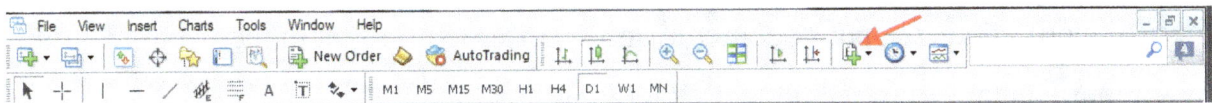

Cette icône verte indique où vous pouvez insérer les indicateurs pour les ajouter à votre graphique. Voir la liste des indicateurs ci-dessous.

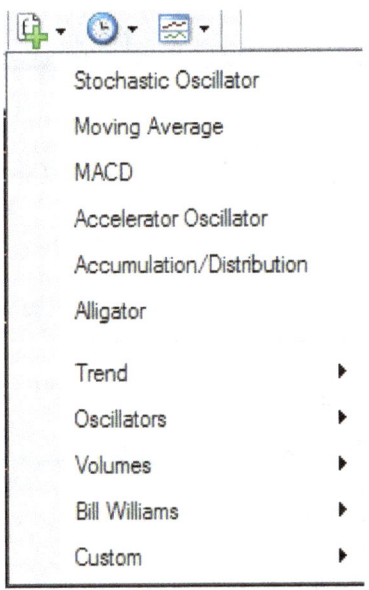

ZOOM AVANT / ZOOM ARRIÈRE

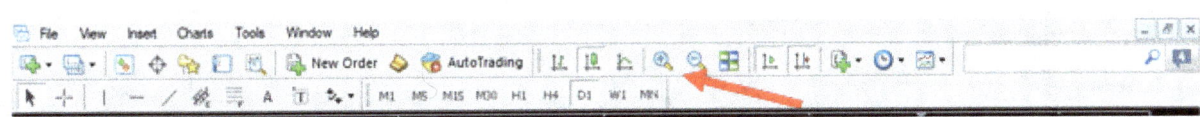

C'est où vous appuierez pour zoomer avant ou arrière votre graphique. Autrement dit, pour réduire la taille du graphique ou l'agrandir.

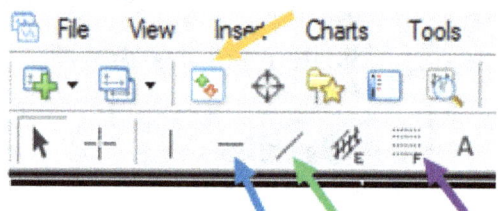

Flèche Bleue - Elle indique la ligne horizontale. Chaque fois que vous souhaitez dessiner un support et une résistance. Cliquez-vous dessus pour tracer une ligne horizontale pour le support et la résistance.

Flèche Verte - Elle indique la ligne de tendance. Cette dernière est également utilisée pour attirer le support et la résistance. Cliquez-vous sur cette flèche lorsque vous souhaitez dessiner une ligne de tendance.

Flèche Violette: Elle indique Fibonacci. Fibonacci est également l'un des outils de trading que vous pouvez utiliser pour le trading. Mais dans ce manuel, vous n'en aurez peut-être pas besoin de l'utiliserez.

Flèche Jaune: Elle indique la veille du marché. C'est ici que vous pouvez voir toutes les paires de devises et les produits à échanger. Voir l'image ci-dessous. Vous pouvez voir que l'offre / la demande est identique à la vente / l'achat

Lorsque vous cliquez sur cette icône comme indiqué dans l'image ci-dessous

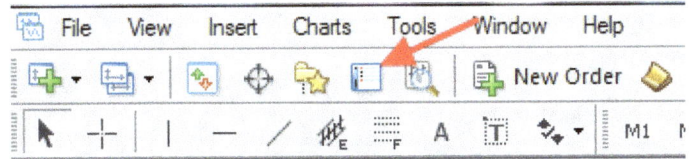

Vous allez voir cela dans l'exemple ci-dessous

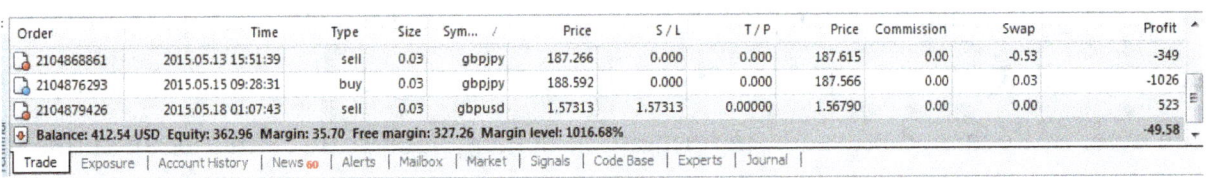

ÉQUITÉ

C'est votre capitale. En supposant que vous déposez $100 aujourd'hui sur votre compte de trading. Ces $100 sont votre capital propre. Et plus vous gagnez de bénéfices grâce au trading, il sera ajouté à votre capital propre, de même si vous perdez, il sera débité de vos capital propre.

ÉQUILIBRE

L'équilibre est votre équité +/- votre profit ou perte. Prenant l'exemple ci-dessus, le solde est $412; le capital propre est $362.96 tandis que le bénéfice est $49.58. Autrement dit, en supposant qu'il n'y ait pas de bénéfice négatif de $49.58, le montant total potentiel est $412. Si la transaction réussit avec succès, ce profit sera ajouté au capital propre et sera le solde total de votre compte.

MARGE

La marge est le montant d'argent que votre courtier prélèvera sur vos capitaux propres / capitaux pour ouvrir une transaction pour vous chaque fois que vous demanderez d'acheter ou de vendre. C'est comme quand vous voulez acheter des produits dans les magasins Walmart pour les revendre. L'argent que vous apportez à Walmart pour échanger est appelé marge dans le Forex. En supposant que j'ouvre un achat sur EURUSD, le courtier prendra environ $24 de mon compte pour ouvrir cet échange. Si l'échange réussit et je ferme mon échange de profit, la marge ainsi que le profit seront ajoutés à mon compte.

MARGE LIBRE

La marge libre est le montant ou le solde restant de vos fonds propres lorsque votre courtier a déjà ouvert une transaction pour vous. On peut dire aussi l'argent restant sur votre compte qui n'a pas encore été échangé.

Paires De Devises

Dans Forex, les principales paires de devises sont EURUSD - la devise la plus échangée sur le marché Forex, GBPUSD, USDJPY, USDCHF, USDCAD, AUDUSD, NZDUSD. Nous avons également des paires de devises croisées comme GBPNZD, GBPAUD, EURAUD, GBPCAD, AUDJPY, AUDCHF etc. Nous échangeons également des matières premières comme l'or, l'argent, le pétrole, le gaz, etc.

Je pense que vous les connaissez tous. Vous pouvez maintenant questionner quelle paire devrais-je échanger? Chaque paire est échangeable. Nous échangeons ceux qui nous donnent le signal que nous recherchons. Je négocie toutes les paires au moins majoritaires environ 20+ avec l'or et le pétrole.

TYPES DE GRAPHIQUES

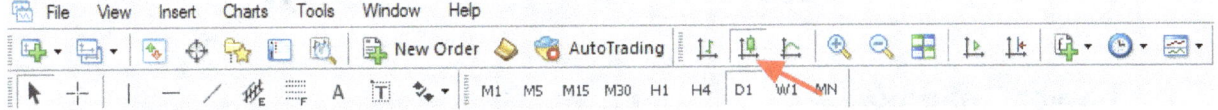

Sur la plateforme MT4, lorsque vous cliquez sur l'icône indiquée par la flèche rouge, la première est graphique à barres, l'icône du milieu est les bougies et la dernière icône est le graphique linéaire.

Pour une analyse correcte et optimale, nous utilisons un graphique de bougies. Avant l'introduction des bougies par les Japonais, le graphique à barres était principalement utilisé dans le monde occidental. Maintenant, nous préférons le graphique de bougies car il nous aide à mieux analyser le sentiment des participants au marché que le graphique à barres et le graphique linéaire.

Voyons ce qu'une bougie typique représente. Dans l'exemple ci-dessous, vous voyez à quoi ressemble une bougie typique.

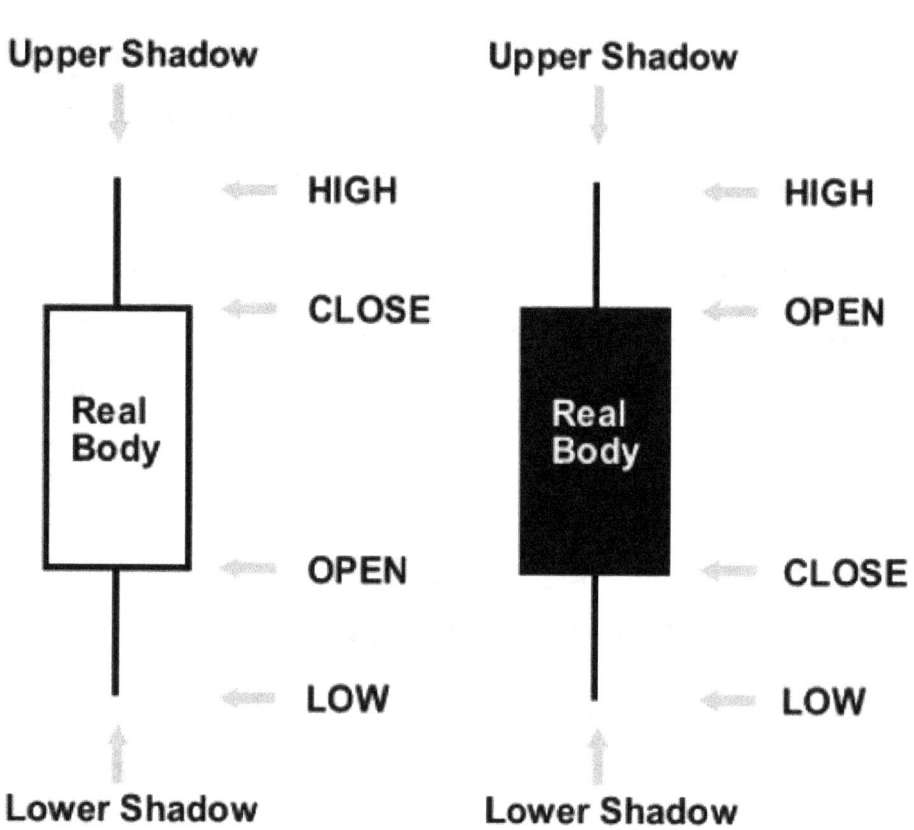

Open – C'est le prix auquel le marché, avant tout, a été échangé lorsque le marché s'ouvre ou démarre.

Low – C'est le prix le plus bas auquel le marché est parvenu au cours de cette période d'échange.

High – C'est le prix le plus élevé auquel le marché est atteint ou échangé pendant une période de temps.

Close – C'est le prix auquel le marché cesse d'échanger pendant une période de temps.

Par exemple, en supposant le 18 Janvier 2015, l'ouverture du marché, le prix ouvert EURUSD est 1.1200, les traders ont commencé la négociation jusqu'à ce que le prix baisse à 1.1000 pour ce jour-là. Tout à coup, il y a eu un énorme achat qui a monté le prix à 1.1300 et au moment où le marché fermera, le prix a clôturé à 1.1289. Maintenant, le prix ouvert est 1.1200, le prix bas est 1.1000; le plus haut est 1.1300 tandis que le prix de clôture est 1.1289.

Le prix le plus bas pour une période de temps donnée peut également être affiché avec une ombre inférieure tandis que le prix le plus élevé sera indiqué par l'ombre supérieure.

Ça représente avec une bougie d'une manière similaire à celle montrée ci-dessus.

UN TABLEAU TYPIQUE DES BOUGIES

BOUGIE HAUSSIÈRE

Lorsque le prix se ferme au-dessus du prix d'ouverture pour une période de temps donnée (cela peut être 1 minute, 5 minutes, 15 minutes, 1 heure, un jour, etc.), la bougie va être haussière. Dans un tel cas, il y a un achat ou un rallye. Cela signifie également que les acheteurs sont plus nombreux que les vendeurs ou les dominent et qu'ils ont entraîné une hausse de prix depuis leur ouverture jusqu'à la fin de cette période de temps. La flèche verte montre la bougie haussière où le prix de clôture est supérieur au prix d'ouverture ou le prix de clôture est supérieur au prix d'ouverture.

BOUGIE BAISSIÈRE

Lorsque le prix rapproche le prix d'ouverture pour une période de temps donnée, il y a une bougie baissière. Elle est indiquée par une flèche rouge. La bougie baissière indique toujours que la pression de vente était supérieure à la pression d'achat pour une période donnée. Les vendeurs sont plus nombreux que les acheteurs et les prix ont diminué.

Chapitre 2

Analyse De Tendance

La deuxième chose que vous devez faire pour faire le trading d'une manière rentable est :

- Connaître la tendance de la paire que vous souhaitez échanger et ;
- Échangez avec la tendance.

Il est connu dans Forex que la tendance est votre allié. Et Trading contre la tendance va vous coûter votre capital. Vous invitez l'échec si vous ignorez cette règle.

C'est Quoi La Tendance?

La tendance est la direction du marché. Autrement dit, c'est où le marché se dirige. La tendance peut être vers le haut ou vers le bas ou latéralement. Autrement dit, le marché va-t-il monter ou descendre ou se déplacer latéralement?

Ce sont les trois principaux types d'orientation du marché que nous pouvons avoir:

- **Tendance Haussière;**
- **Tendance Baissière;**
- **Marché Latéral / Rangement / Consolidation.**

Tendance Haussière

Vous allez déterminer une tendance haussière lorsque le marché ou le prix avait des hauts et des bas plus élevés. A titre d'exemple le graphique ci-dessous (Graphique journalier - GBPJPY).

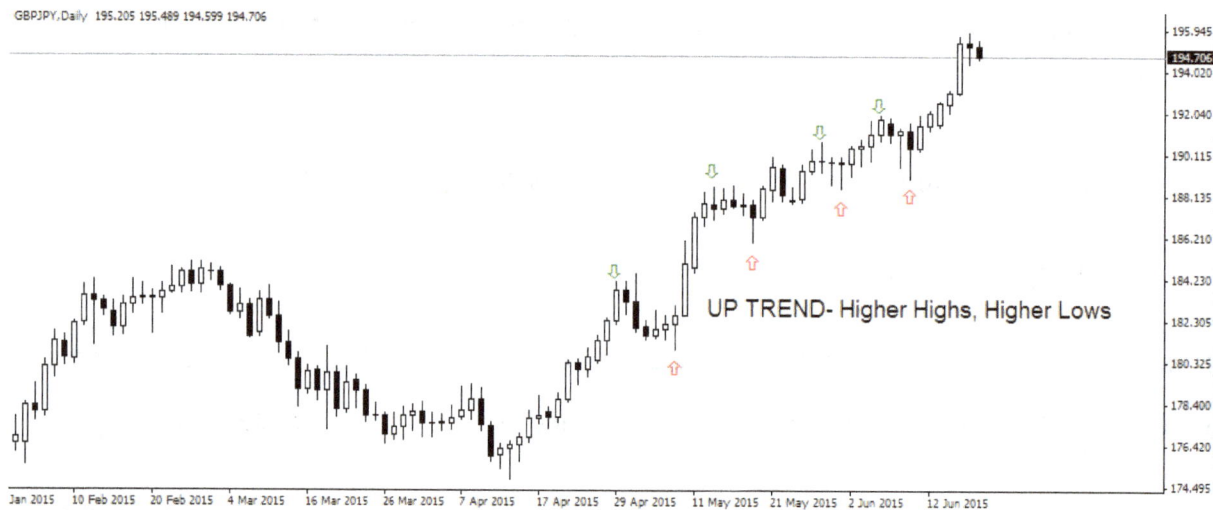

Vous pouvez voir sur le graphique que le prix augmente de plus en plus. Dans un tel cas, la tendance est haussière. Voyons un autre exemple. Graphique journalier - GBPZND.

Dans ce cas, nous voyons que le prix continu d'avoir des hauts et des bas plus élevés. La tendance est haussière.

Voyons un autre exemple. Ceci est le graphique journalier - CADJPY

Ici, le prix est dans une tendance haussière.

Tendance Baissière

Nous déterminons une tendance baissière lorsque les prix continuent à faire des hauts et des bas plus bas. N'oubliez pas que lorsque le prix continue de faire des hauts et des bas plus bas, la tendance est baissière ; mais lorsque le prix continue à faire des hauts et des bas plus élevés, la tendance est haussière.

Regardez l'exemple ci-dessus d'EURUSD :

Vous pouvez voir que le prix est dans une tendance baissière pendant un long laps de temps. Chaque tentative de ralliement ou de remonte a été annulée par plusieurs descentes. Le prix continue de faire des hauts et des bas plus bas pendant un long laps de temps.

Voyons un autre exemple. Graphique journalier d'AUDUSD:

Vous pouvez voir ce prix passer du haut @0.88620 à 0,76545 avant d'essayer de monter. Il s'agit d'une tendance baissière.

Marché Latéral / Rangement

Lorsque le prix ne monte ni ne baisse mais semble être contenu dans une gamme de prix, le marché varie. Il peut également être appelé un marché en consolidation. Jetons un œil au graphique d'USDJPY comme un exemple:

Si vous observez, vous pouvez voir que les prix varient entre 118.365 et 120.890 pendant un certain temps avant d'essayer de briser la ligne horizontale supérieure vers le haut.

Ceci est un autre exemple d'un marché varié. Voyons l'exemple ci-dessus du graphique quotidien d'AUDCAD.

Comment Déterminer La Tendance Sur Le Graphique ?

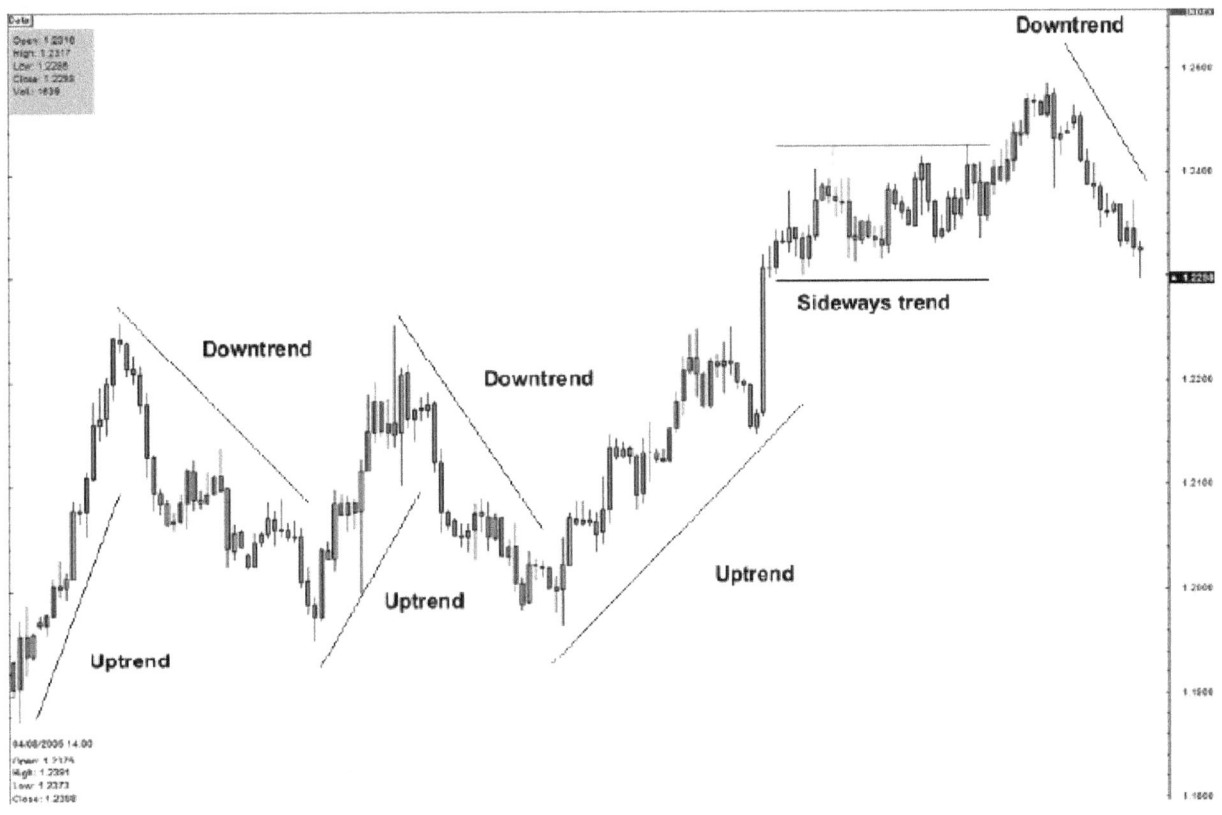

Maintenant et que vous savez comment déterminer la tendance. Qu'est ce qui vient après?

«Échangez avec la tendance - c'est-à-dire si la tendance est haussière, vous allez échanger n'importe quel signal d'achat. Et si la tendance est baissière, vous allez échanger signal de vendre»

C'est très important.

Si vous échangiez contre la tendance du marché, vous avez une probabilité de 95% de perdre votre argent, au contraire d'échanger avec la tendance du marché.

C'est comme nager avec la marée de la mer. Même un nageur qu'a un manque d'expérience dans la natation va nager avec succès que lorsque vous nagez à contre-courant.

La tendance est un aspect clé du trading.

Chapitre 3

Comprendre Les Niveaux Clés

La troisième chose qu'est très importante est de déterminer les niveaux clés sur le graphique. N'oubliez pas que nous parlons ici du graphique journalier. Dons, vous devez dessiner votre :

- Résistance et ;

- Niveaux de support.

Quels Sont Les Niveaux Clés?

Ce sont les zones sur le graphique où le mouvement du prix a été bloqué. Une paire de devises qui monte fortement atteindra un point où le mouvement sera stoppé et commencera à chuter avant de reprendre le mouvement à la hausse. De même, une paire en baisse atteindra un point où le prix cessera temporairement de baisser et augmentera pendant un certain temps avant de poursuivre son mouvement à la baisse.

Par exemple, si vous lancez une balle en l'air, quelle que soit la vitesse à laquelle elle se déplace, lorsqu'elle arrive à un certain moment, la force de gravité agira sur elle jusqu'à ce que le rythme diminue et après un certain temps, elle atteindra un point dans l'air que la balle va rebondir et commencer à tomber. Le point où la balle inverse sa direction est une zone clé.

Les deux zones clés les plus importantes du graphique sont la résistance et le niveau du support.

Cependant, prenez garde que ce ne sont pas des lignes horizontales tracées sur le graphique, c'est plus une zone qu'une ligne.

- **Résistance** - Lorsque le prix est haussière ou dans une tendance haussière, le niveau ou la zone où cette tendance haussière pause pour commencer à baisser s'appelle Résistance. Dans ce cas, le prix a atteint un niveau que l'élan du prix à l'heure actuelle n'a pas pu briser, donc un changement de direction pendant un certain temps.

- **Support** - Lorsque le prix est baissière ou dans une tendance baissière, le niveau ou la zone où le prix baissière arrive et cesse de baisser pour changer la direction du mouvement vers le haut s'appelle le Support.

Ces sont les deux niveaux clés qui doivent être déterminés sur votre graphique après avoir déterminé la tendance du marché. Regardez ce graphique du CADCHF ci-dessus comme un titre d'exemple:

Analyse Du Graphique

Vous pouvez voir que le processus du prix à partir du 19 Janvier 2015 a progressé fortement vers le haut jusqu'à ce qu'il ait atteint un point où il ne pouvait pas continuer ce processus. Il atteint la Résistance dans le point 2, après il devient incapable de rompre vers le haut autre fois, du coup il a changé la direction jusqu'à ce qu'il arrive à le point 3 où la baisse a été tenue ou a été soutenue.

Vous pouvez aussi voir que depuis 26 Mars à 3 Avril, le prix a été en train de tourner autour de ce niveau, et incapable de rompre vers le bas pour continuer son processus de baisse. Il a augmenté pour tester à nouveau la hauteur précédente en espérant qu'il puisse le casser, mais le niveau s'avère trop fort pour qu'il casse et revienne tester le support pour voir s'il peut aussi être cassé ; mais ces deux niveaux semblent tenir le prix et il monte et descend entre ces zones.

Le point ou la zone où le mouvement de prix est restreint est la zone clé comme vous pouvez le voir dans le graphique ci-dessus. Une fois vous avez vérifié le graphique et vous pouvez le repérer, tout ce que vous avez à faire est de tracer une ligne horizontale pour le délimiter sur le graphique.

Vous devrez peut-être regarder loin derrière. C'est-à-dire, vous pouvez vérifier depuis 2 jusqu'à 3 mois sur le graphique journalier ou hebdomadaire pour savoir où il y a un changement marqué dans le mouvement du prix sur le graphique.

Il est important de faire ça car il va vous guider pour connaître les zones de prudence ou la zone de danger quand vous échangez. Si une zone a été une résistance ou un support dans un laps de temps, et lorsque le prix revient dans cette zone, le prix voudra respecter la zone.

En fait, la plupart des traders voient la zone comme vous la voyez aussi, donc ceux qui sont déjà profiter aimeront retirer leur profit du marché et cela entraînera le prix à respecter la zone ou interrompra un peu son mouvement sauf en cas de nouvelles économiques importantes qui donnent une impulsion au prix pour casser cette barrière.

Voyons un autre exemple du graphique journalier de NZDJPY

Vous pouvez voir que dans toutes les positions de ces flèches horizontales, il y avait une réaction du prix à ces niveaux. Lorsque le prix atteint ces zones, il s'arrête et change la direction.

Dessiner vos zones clés comme ceci. Rend le graphique plus facile à analyser au lieu de le laisser vide comme ci-dessous:

Vous pouvez voir que le graphique précédent est plus facile à analyser que celui-ci en plus haut car vous avez dessiné le niveau de résistance et du support.

Comme je l'ai déjà dit, veuillez également noter que ce ne sont pas seulement des lignes, ce sont plus des zones que des lignes. A titre d'exemple, veuillez jeter un coup d'œil au même tableau ci-dessous:

Flèche Rouge

Vous pouvez voir que la première fois le prix atteindre la frontière supérieure du rectangle bleu @91.879 le 23 Mars 2015. Alors que le 2éme temps, il a testé le même niveau pour savoir s'il se cassera ou non, le prix a augmenté et passé 91.879 pour arrivé à 92.366 le 22 Avril 2015 avant de tomber lorsque le niveau était incapable de tenir. La zone de résistance est 91.879 à 92.366 et le prix n'a pas pu briser cette zone.

Flèche Verte

Le 1 Avril 2015, le prix a atteint $88.730 avant de se redresser. Après, la même zone a été testé à nouveau le 14 Avril 2015, le prix n'a pas obtenu à la faible précédente ($88.730) avant qu'elle change la direction. Il a arrivé à $89.012 puis il a augmenté. Le fait qu'il n'a pas atteint le plus bas précédent avant de changer la direction ne signifie pas qu'il n'a pas atteint le niveau du support. Dans cette zone, le support est disponible, et ça empêché le marché de continuer à chuter.

J'espère vraiment que ce point est clair. Voir le niveau clé plus que les zones, parce 'que le prix peut ne pas atteindre le niveau du prix exact du plus haut ou du plus bas avant qu'il change la direction.

QUOI FAIRE?

Voici comment vous allez dessiner votre support et résistance aussi. Prenez par exemple le graphique journalier du GBPUSD ci-dessous:

- ✓ Ouvrez votre graphique ;
- ✓ Zoomez arrière sur le graphique pour avoir une vue plus large. L'ancienne et le nouveaux à la fois, comme vous pouvez le voir ci-dessous ;
- ✓ Après, trouvez les zones du graphique où le prix a été rejeté dans son mouvement vers le haut ou vers le bas ;
- ✓ Marquez ces zones avec des lignes horizontales ;
- ✓ Lorsque vous faites ça, le graphique sera plus significatif pour vous, il va faciliter l'analyse et vous saurez à l'avance les zones susceptibles pour prendre votre profit ou d'entrer sur le marché pour d'échanger.

N.B. La zone du support et de résistance, vous aide à savoir quand vous pouvez entrer sur le marché pour échanger et où sortir du marché pour réserver votre profit.

C'est très intéressant de savoir que vous ACHETEZ @SUPPORT lorsque vous VENDEZ @RESISTANCE

Voyons un exemple typique du graphique journalier de l'GBPUSD :

La ligne horizontale noire marque le niveau de résistance où se trouvent les flèches.

1ére – Flèche rouge

Le 27 Novembre 2014, le prix a augmenté aussi jusqu'à 1.58245. Le rallye n'été pas supporté et tombé. Le 16 Décembre 2015, il y avait une 2éme tentative pour briser ce niveau.

2éme – Flèche rouge

Le prix reteste le niveau et baisse à nouveau. Cela vous donnera un indice que le niveau est fort. Une fois vous avez déterminé cela, surveillez ce que le prix fera la prochaine fois qu'il touchera à nouveau le niveau. Vous pouvez voir qu'après, le 14

Mai 2015 le prix a touché la même zone de résistance à nouveau et il devient incapable de le casser vers le haut, la fermeture baissière du 15 Mars 2015 a diminué d'une façon drastique.

Le fait que vous avez déjà marqué le niveau en traçant la ligne de résistance, vous gardera sur la montre pour savoir quel prix pourra arriver à ce même niveau. Une fois vous voyez que le prix ne peut pas casser et clôturer à baissier dans le jour suivant, vous pouvez placer un échange de vente, selon la nature du modèle du bougie que vous voyez autour de ce niveau.

L'utilisation D'une Ligne De Tendance

La ligne de tendance est également un autre outil dans le trading pour marker le niveau du support et de la résistance sur le graphique. Cela nous donne également un indice sur la position où il pourrait y avoir le support et la résistance dans un proche avenir. Il prédit une zone probable sur le graphique où le prix pourrait rencontrer une résistance ou un support.

La flèche verte ci-dessous montre comment localiser une ligne de tendance sur la plateforme MT4.

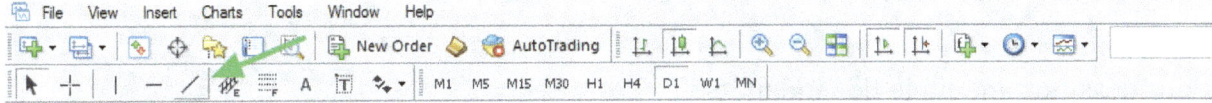

Comment Dessiner Le Support / La Résistance D'une Ligne De Tendance

- Dans une tendance haussière, vous connecterez 2 bas avec une ligne de tendance;

- Dans une tendance baissière, vous connecterez 2 hauts avec une ligne de tendance

Veuillez voir comment procéder. Prenez par exemple ce graphique journalier du GBPAUD

Pour dessiner une ligne de tendance,

Vous relierez deux bas ensembles si la tendance est en hausse. Comme vous pouvez le voir ci-dessus, nous connectons le point bas @1 au point bas @2.

Supposons le prix est encore au point 2 lorsque vous vous connectez les 2 bas ensembles. Dans le 25 Mars 2015 (le point 3), lorsque le prix arrive à la ligne de tendance, vous pouvez voir que le prix respecte le support représenté par la ligne de tendance. C'est-à-dire que lorsque le prix n'a pas atteint cette position lorsque vous l'avez déjà tracé, la ligne de tendance vous indique qu'à l'avenir, lorsque le prix atteindra la zone, il pourrait probablement être supporté et empêché de continuer à baisser. C'est exactement ce qui se passe. Le prix a été supporté et rebondi et atteint un nouveau sommet.

Dans le point 4, vous pouvez voir que le prix est revenu pour tester à nouveau ce même support de ligne de tendance. Il semble l'avoir cassé, seulement pour se rallier et s'éloigner.

Lorsque vous dessinez une ligne de tendance comme ça, il va vous donner des indices sur les zones où vous devez prendre des précautions lorsque vous échangent, ou des zones pour placer un échange.

Ligne de tendance sur le graphique journalier de l'EURUSD

J'ai dessiné différentes manières possibles pour connecter 2 hauts ou bas avec une ligne de tendance.

Cependant, comme le support et la résistance peuvent être brisés par prix, veuillez noter également que la ligne de tendance peut être rompue.

Voir le même graphique de l'EURUSD. La ligne de tendance haussière offre la résistance, ce qui empêche le prix de monter. Tandis que la ligne de tendance baissière offre le support pour le prix. La ligne de tendance baissière a été brisée par cette grande bougie baissière forte (flèche bleue) et le prix a quitté la gamme ou la consolidation pour se déplacer fortement à la baisse.

Allons faire un récapitulatif:

- ✓ **Déterminez la paire pour échanger en fonction du signal que vous voyez;**

- ✓ **Déterminer la tendance :Echange conformément avec la tendance seulement;**
- ✓ **Marquez tous les niveaux clés: Le support et la résistance**

Chapitre 4

Signaux De Trading

Une fois vous avez déterminé la tendance et les niveaux clés, la prochaine étape est de rechercher sur le graphique sur les SIGNAUX DE TRADING.

Les signaux de trading sont des indices clés qui vous indiqueront la prochaine ligne d'action à prendre. Il vous aide à savoir quand vous pouvez acheter et quand vous pouvez vendre. La plupart du temps, les traders perdent parce qu'ils n'ont aucun avantage sur le marché. Le trading ne consiste pas seulement à voir un grand mouvement et à entrer sur le marché; vous devez avoir l'avantage que vous recherchez sur le marché, et une fois vous voyez la configuration, vous pouvez placer votre transaction.

Les signaux de trading sont notre avantage dans le trading. Ce sont les indices que nous recherchons sur le graphique pour déterminer si vous devez échanger maintenant ou non. On va traiter les graphiques des bougies pour notre analyse. Pour échanger efficacement et avec succès sur le marché, voilà ce que vous devez échanger (rechercher).

Ces signaux sont fiables, éprouvés au fil du temps et ils sont cohérents pour vous donner un avantage pour faire de l'argent sur ce marché.

Signal De Trading : La Barre D'épingle

Les barres à épingles sont des bougies avec une très longue queue et un petit. Ils ressemblent à ça :

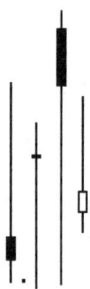

Vous pouvez voir une très longue queue avec un petit corps près de l'autre extrémité. il pourrait être une barre haussière à épingle comme celle-ci :.

Ou une barre baissière à épingle comme celle-ci :

Qu'est-Ce Que Suggère La Barre D'épingle?

La barre d'épingle suggère le rejet d'un niveau de prix. Cela signifie que partout où il est formé, les participants sur le marché rejettent le prix haussière ou baissière dans cette zone. Cela signifie que le sentiment du marché a changé et, dans la majorité des cas, inverser la tendance du marché.

Par exemple, si une barre baissière à épingle est formée au sommet d'une tendance haussière, elle l'inversera à la tendance baissière. De même, lorsque vous trouvez une barre à épingle au bas de la tendance, cela signifie que les traders rejettent le prix baissière et que vous devriez acheter.

La barre baissière à épingle suggère VENDRE, tandis que la barre baissière à épingle suggère ACHETER

Voyons le graphique ci-dessus comment une barre à épingle se fonctionne.

Graphique du pétrole brut de 4heures

Voyons un autre graphique: Graphique journalier d'AUDJPY :

J'ai marqué la position dont la barre d'épingle a été formée et vous pouvez voir comment la direction change après.

La barre d'épingle sur le graphique journalier de GBPJPY

La barre d'épingle sur le graphique journalier de GBPJPY

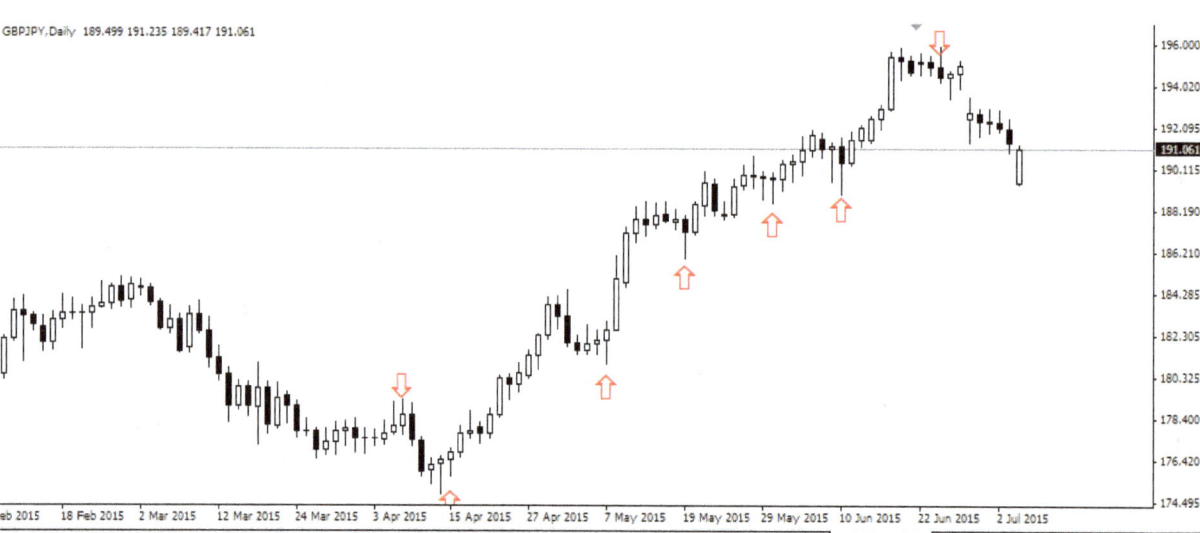

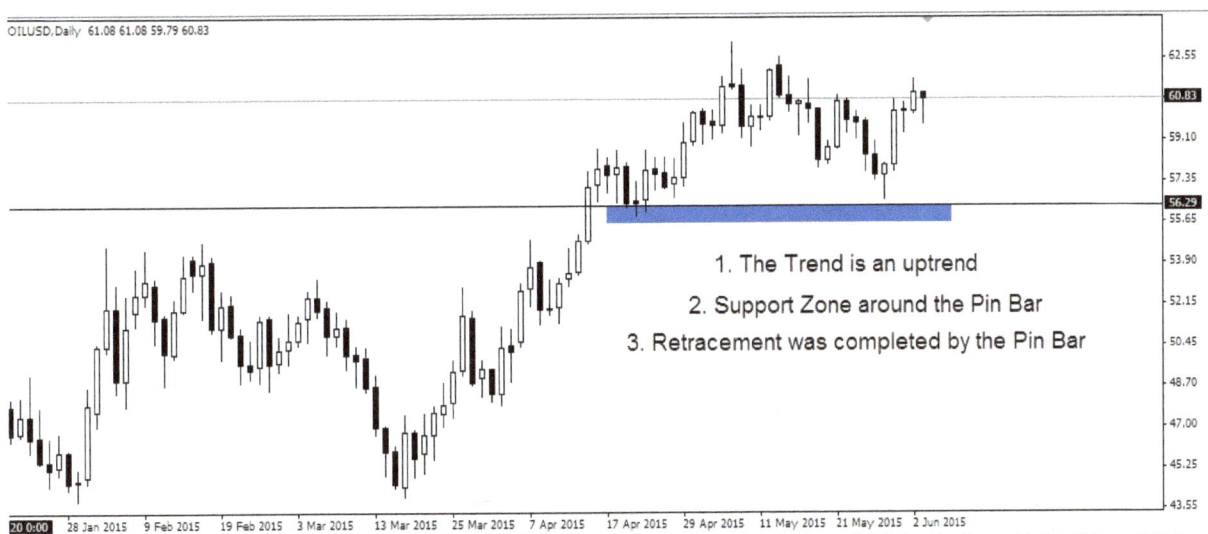

La barre d'épingle dans la direction de la tendance

Vous pouvez voir que la barre d'épingle fonctionne.

Comment Échangez-Vous La Barre D'épingle?

Il y a 3 façons d'échanger la barre d'épingle :

- ✓ Vous pouvez entrer sur le marché immédiatement après sa formation ;
- ✓ Attendez un retracement à la moitié de la longueur de la barre ;
- ✓ Passer une commande en attente (pending order).

Voyons comment le faire. Supposant que nous voulons échanger cette barre d'épingle formé le 14 Avril 2015, comme indiqué dans le tableau ci-dessous. Vous devez poser quelques questions pour faciliter votre analyse.

- ✓ Est-il formé à un niveau clé? Oui, il y a un support où il s'est formé (la ligne horizontale rouge) ;

- ✓ De quel type de signal s'agit-il? Barre à épingle – Bougie d'inversion - Une bougie de rejet ;

- ✓ Le prix a été déjà rejeté autour de cette deux fois avant la formation de cette barre à épingle.

- ✓ Cela indique que le support est fort - Les flèches vertes décrivaient le prix des différentes périodes essayées de briser ce niveau et comment il était incapable de le briser. Enfin, le 14 Avril, il a formé une barre d'épingle, ça veut dire qu'il y a un fort rejet au niveau du support.

Une fois vous avez déterminé tout cela sur le graphique, comment pouvons-nous alors échanger cette barre d'épingle ?

Comme je l'ai dit précédemment, vous pouvez entrer sur le marché immédiatement la barre d'épingle est formé @marché ouvert, le lendemain, le 15 Avril 2015, ou vous attendre un retracement.

C'est Quoi Un Retracement?

Un retracement est un mouvement de prix opposé à son mouvement initial précédent avant que le prix reprenne son mouvement directionnel précédent. Ce que je veux dire est un temps où si un prix est en hausse depuis un certain temps, le mouvement se met en pause et se déplacer vers le bas pendant un certain temps avant que le prix repris à nouveau. Il est également appelé PULL BACK. Il y a toujours un slogan auquel si vous manquez un rallye, ne rejoignez pas la tendance immédiatement, attendez le pull back. Pull back ou retracement, c'est quand le prix se déplace contre sa direction initiale pendant un certain temps avant qu'il reprenne son mouvement.

Pour acheter au retracement, ouvrez le graphique d'une heure le lendemain. C'est ça ce que vous devez faire !

Vous pouvez soit utiliser un indicateur comme Stochastique pour déterminer quand entrer ou utiliser Fibonacci.

Si vous utilisez stochastique, définissez vos paramètres sur 5, 3, 3

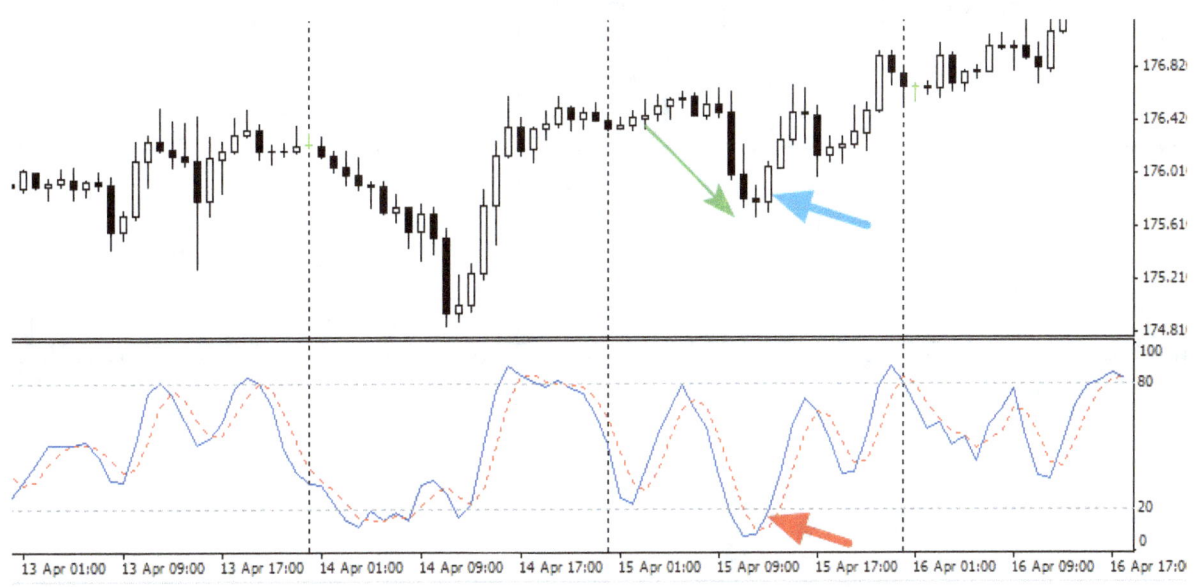

La flèche verte montre un mouvement vers le bas contrairement au mouvement vers le haut précédent, c'est ça le retracement. Et cela a été achevé lorsque la bougie engloutissant haussière été formée et indiquée par la flèche bleue.

A cette époque, la stochastique a également franchi ce qui signale un achat (flèche rouge).

Vous avez déjà un état d'esprit pour échanger l'achat basé sur la formation de la barre d'épingle sur le graphique journalier. Une fois vous voyez cette configuration sur un graphique d'une heure, vous pouvez facilement saisir votre ACHAT sans craindre de perdre votre argent.

La 2ème méthode consiste à utiliser Fibonacci pour déterminer votre entrée, ou vous combinez les deux ensembles comme indiqué ci-dessous :

- Dessinez votre Fibonacci du bas vers le haut - s'il s'agit d'une tendance haussière. Sinon dans une tendance baissière, dessinez du haut vers le bas. Dans ce cas, c'est une tendance haussière.

- Attendez qu'une bougie haussière se forme aux niveaux 38.2, 50.0 61.8 ou 78.6 - Ils sont tous connus comme des niveaux de retracement. Ils représentent également le support et la résistance.

- Entrez maintenant à l'issue de la bougie haussière formée au niveau 50.0

- Stochastique montre également le signal d'achat en croisant.

L'option suivante consiste à placer un achat en attente. Vous pouvez placer un achat en attente au-dessus du prix élevé de la bougie du 14 avril (176.603), ce qui signifie qu'une fois le prix dépassé ce prix élevé, le courtier devrait remplir votre ordre et vous entrerez sur le marché.

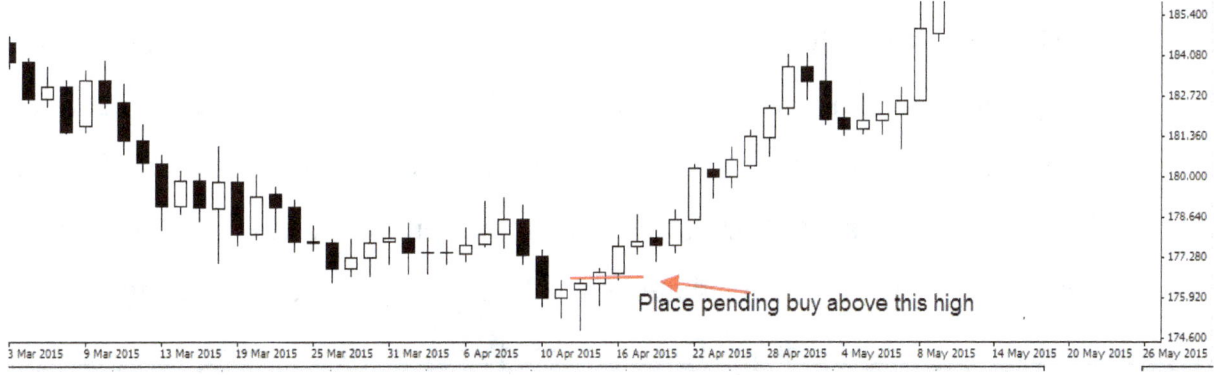

Voila des trois façons dont vous pouvez échanger la barre d'épingle :

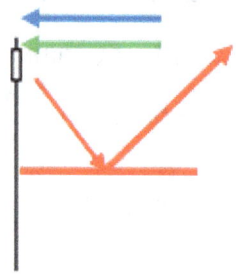

Flèche rouge: Entrez au retracement au niveau du 38.2, 50.0, 61.8 ou 78.6 Fibo.

Flèche verte: Entrez directement au marché sans attendre de retracement ou de rupture d'hausse.

Flèche bleue: Placez un achat en attente au-dessus du haut de la barre d'épingle.

Signal De Commerce Deux: GRABBER

GRABBER est une forme de la barre d'épingle. Il a une longue queue mais avec un corps plus gros qu'une barre à épingle. GRABBER est un faux schéma de configuration. En supposant que vous placez une transaction pour acheter USDJPY @120.00 et votre stop loss @195.00, maintenant au lieu du marché pour acheter ou bouger dans votre direction immédiatement, il va être en première contre vous, frappera votre stop loss avant qu'il ne change de direction et se déplace dans la direction souhaitée de votre commerce. (C'est-à-dire acheter) lorsque cela se produit, il est appelé un GRABBER. Ils sont également appelés motif de lavage et de rinçage. Ils sont une configuration à arrêter de lécher. Une fois que vous avez repéré un tel modèle, ce sont des modèles de prix très puissants qui sont précis dans le trading.

GRABBER peut être baissier ou haussier. Lorsque les GRABBERS sont formés, ils indiquent fortement un renversement majeur de la tendance d'un swing particulier, et la cible (prendre des bénéfices) d'un GRABBER est le prochain bas ou haut disponible du swing dans lequel il est formé. Ils sont l'un des signaux précis que j'échange. Ils ne se forment pas souvent, mais chaque fois qu'ils viennent, ils sont très forts et puissants pour changer l'envie et la direction du marché.

J'été une fois victime du trading du GRABBER. J'ai échangé contre le GRABBER et cela a fait exploser mon compte. Ce sont des jours où j'apprenais encore la corde quand je ne comprends pas la langue de cet arsenal commercial.

Permettez-moi de vous montrer quelques exemples de GRABBER et comment placer un trader après sa formation. Consultez ce graphique journalier EURUSD.

Le GRABBER baissier au-dessus été formé le 8 Mai 2014, et depuis lors, l'EURUSD ne s'est jamais remis de la tendance baissière provoquée par le GRABBER. Pouvez-vous voir ci-dessous? Une puissante tendance baissière déclenchée par le GRABBER.

Il existe de nombreux exemples dont le GRABBER fonctionne plus dans le trading. Veuillez vérifier les graphiques suivants :

GRABBER baissier sur le graphique journalier

Graphique du pétrole brut sur 4heures

Graphique du pétrole brut sur 1heures

Je veux vous reveniez sur votre graphique et vous cherchiez chacun de ces signaux de trading pour voir ce qui se passe après leur formation. Vous pouvez sauvegarder le graphique de l'année 2008 et vérifier combien de fois la barre d'épingle a formé le nombre de fois qu'il a réussi et le taux d'échec. De même, faites de même pour le GRABBER. Si vous vérifiez très bien, vous constaterez que le taux d'échec de la barre d'épingle est d'environ 2 métiers sur 10 ou même moins que cela, de même ce

GRABBER. Si vous échangez la barre d'épingle seule, vous gagnerez sûrement de l'argent sur le marché.

Vous pouvez demander comment puis-je trader la barre d'épingle seule et gagner de l'argent? Oui, vous pouvez être une barre d'épingle majeure et gagner de l'argent cohérent sur le marché. Voici ce que vous ferez :

> Ouvrez autant de paires de devises jusqu'à 26 paires ou 20 paires selon vous - Voir la mienne ci-dessous

> Dessinez les niveaux clés ;

> Alors soyez à l'affût des barres d'épingle et des GRABBERS.

Je peux vous assurer que dans une semaine, vous obtiendrez au moins 2 échanges sur toutes les paires que vous ouvrez. Il y a des moments où vous pouvez même obtenir plus de 2 ou plus que vous devrez utiliser la gestion de l'argent afin de ne pas sur échanger.

Trois Signaux De Trading: Modèle D'inversion De 2 Barres

Le modèle d'inversion à 2 barres est l'un des modèles de prix les plus précis et les plus doux que vous puissiez échanger une fois que la configuration est repérée sur le graphique. Il s'agit d'un modèle de prix à trois bougies. Les deux premières bougies doivent être échangées dans la même direction et être une bougie de tendance. La troisième bougie inverse la direction de la tendance en supprimant le bas de la deuxième bougie (pour court) ou le haut de la deuxième bougie (pour long). (2 bougies ont la même couleur, la 3ème bougie a une couleur différente).

Cela peut fonctionner comme une inversion de tendance ou une continuation de tendance. Nous allons examiner différents exemples et voir comment cela fonctionne très bien en ligne avec la tendance et en tant qu'inversion de tendance.

Voici un exemple de motif d'inversion à 2 barres:

Graphique journalier du GBPCHF

Graphique journalier du GBPNZD

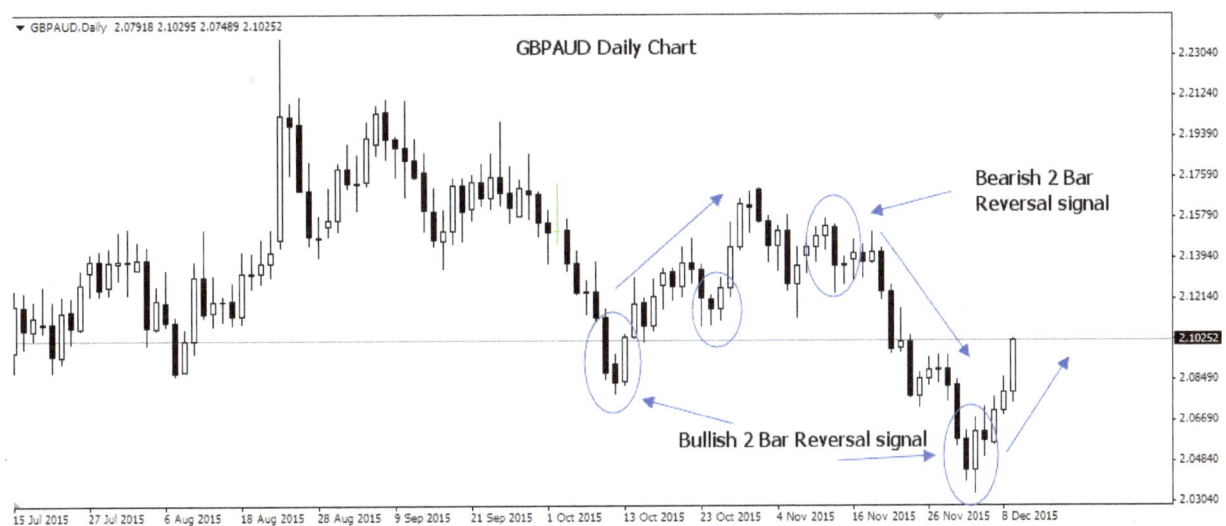

Graphique journalier du GBPUSD

Graphique journalier du GBPUSD

Quatrième Signal Du Trading : Modèles De Gravure

Ce modèle est un signal d'inversion très fort à la fin d'une tendance. Le motif engloutissant est formé de deux bougies de couleurs différentes. Le corps de la deuxième bougie doit engloutir complètement le premier. Les ombres peuvent également être englouties mais ce n'est pas nécessaire. La première bougie peut également être un DOJI. Le motif engloutissant est plus fort lorsque la première bougie à un petit et la deuxième bougie a un grand corps. De plus, lorsque le deuxième bougie engloutit plus d'une bougie, le motif est plus fort. Cependant, veuillez noter que ce modèle doit être formé aux niveaux clés pour qu'il s'agisse d'une configuration commerciale valide.

S'ils sont formés sur le support et la résistance, cela ajoutera de la force au signal. Sinon, vous devez le supprimer et rechercher une autre configuration.

Les schémas engloutissant peuvent être des schémas engloutissant haussiers ou des schémas engloutissant baissiers. Un motif engloutissant haussier se forme à la fin d'une tendance baissière, tandis qu'un motif engloutissant baissier se forme au sommet d'une tendance haussière.

Je veux vous montrer plusieurs exemples de schémas engloutissant qui se sont formés dans différentes paires de devises et comment ils ont pu inverser la tendance du marché.

Il s'agit du graphique EURAUD Daily. J'ai indiqué les modèles engloutissant (baissiers et haussiers) avec les flèches rouges comme indiqué ci-dessous:

Graphique journalier d'EURAUD

Dans le graphique au-dessus, chacun des modèles engloutissant fonctionne comme un renversement de tendance. Deuxièmement, vous pouvez remarquer qu'ils sont négociables lorsqu'ils sont formés sur Support et Résistance. J'ai marqué cela avec la ligne rouge horizontale.

Graphique journalier d'EURUSD

C'est un autre exemple de modèles engloutissant formés aux niveaux clés. Les niveaux clés sont indiqués par les lignes horizontales rouges comme indiqué au-dessus dans le graphique d'EURUSD.

Graphique journalier de GBPCHF

Dans cette paire de GBPCHF, j'ai dessine la résistance et le support de la ligne de tendance et chacun des signaux s'est formé autour des niveaux.

C'est comment vous pouvez échanger l'un de ces signaux, qu'il s'agisse d'une barre d'épingle, un grappin, une inversion à 2 barres ou de motifs engloutissant, assurez-vous qu'ils sont formés à des niveaux clés avant de placer votre transaction

Graphique journalier de GBPUSD

Dans le graphique au-dessus, la résistance et le support de la ligne de tendance ont été dessinés et les schémas d'engloutissement sont indiqués par les flèches.

Graphique journalier d'USDJPY

Schéma engloutissant sur le graphique journalier d'EURCAD

Sur le graphique au-dessus, le prix perce à travers le support autour de 1.37540 comme indiqué par la ligne horizontale rouge, il n'a pas pu clôturer baissier et s'inverser à la hausse pour engloutir les 3 jours de bourse précédents.

Les 3 jours suivants, un retracement de la tendance haussière a eu lieu avant que le cours ne remonte à la prochaine résistance à 1.42498.

Ce ne sont là que quelques exemples parmi d'autres de la façon dont les modèles engloutissant fonctionnent comme un arsenal commercial parfait pour battre le marché à tout moment de la journée. Cela fonctionne dans toutes les paires de devises, même dans les matières premières et les métaux.

Il est important de développer votre confiance dans l'échange de ces signaux. Pour ce faire, ramenez votre graphique et votre ancienne graphique de 3 à 4 ans. Recherchez l'un de ces signaux. Et voyez ce qui s'est passé après leur formation. Cela renforcera votre confiance pour les échanger chaque fois que vous les verrez plus tard dans le futur.

Veuillez noter que parfois, le marché peut revenir sur la configuration pendant un certain temps. Cela peut prendre un jour ou deux jours avant que le marché ne se déplace désormais dans le sens de votre transaction. Cela arrive parfois, mais tant que le bas ou le haut du modèle de bougie que vous échangez n'est pas rompu, le signal que vous échangez est toujours valide.

Une fois que le bas ou le haut est cassé et que le marché atteint votre stop-loss, la transaction est invalide. Comptez votre perte et attendez avec impatience une autre meilleure opportunité à proximité. Il faut bien comprendre que les pertes font partie du jeu. Ce n'est pas mal de perdre, à condition que vous n'ayez pas perdu tout votre capital en même temps. C'est pourquoi vous devez utiliser une bonne gestion financière pour rester dans cette entreprise.

Mais avec un signal de trading comme je vous l'ai appris, il est impossible de perdre régulièrement si c'est ce que vous tradez. Je m'attends à ce que maintenant, si vous avez fait vos devoirs en faisant une cartographie, vous découvrirez que le taux de réussite d'une barre d'épingle est environ de 8 métiers sur 10. Au pire, vous gagnez 7 métiers sur 10. Cela va de pair avec des schémas engloutissant aussi. Maintenant, si vous utilisez la gestion de l'argent contrôlée, même si vous perdez 5 métiers sur 10, vous serez toujours bénéficiaire à la fin du mois. Nous verrons comment procéder plus tard dans les prochains chapitres.

Cinq Signaux Du Trading : Modèles De Double Pénétration (Drpo)

Il s'agit d'une stratégie de trading à schéma directionnel utilisant une moyenne mobile 3x3. Au lieu de saisir 3 sous Période et 0 sous Maj., vous utiliserez 3x3 comme indiqué ci-dessous :.

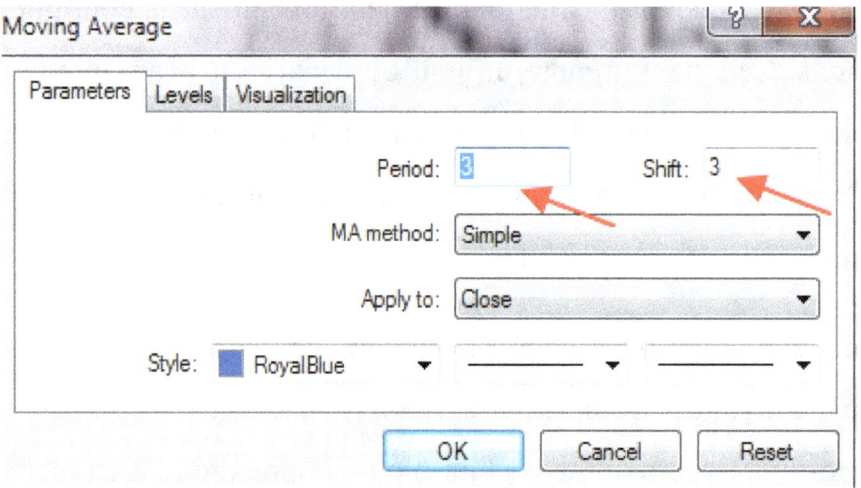

Voilà comment il fonctionne. Si le prix baisse / tend à baisser, il passe ensuite à travers la moyenne de 3x3, à la baisse et au-dessus. C'est ce que nous pouvons doubler la pénétration de la moyenne déplacée. Il s'agit d'un modèle d'inversion. Il indique la fin d'une tendance forte. Il s'agit d'un zig-zig qui empêchera souvent de nombreux acteurs du marché de se retirer. Nous avons deux types d'achat DRPO et de vente DRPO.

L'achat de DRPO - se produit lorsque le prix baisse / tend à baisser, puis monte à travers la moyenne de 3x3, baisse encore et hausse encore.

Vente DRPO - se produit lorsque le prix augmente / tendance, puis descend à travers la moyenne de 3x3, baisse encore et hausse encore.

Cependant, veuillez noter que pour que ce signal soit valide, les bougies de signalisation Double RePo doivent être précédées d'un minimum de 8 à 10 périodes d'action de marché (bougies); si vous en avez 15 ou plus, c'est mieux.

Après la poussée haussière, nous devons clôturer en dessous, au-dessus et à nouveau en dessous du 3X3, avant que le signal de vente ne se déclenche. L'inverse est vrai pour la poussée vers le bas (signal d'achat).

Exemples de signaux de trading DRPO

DRPO Vendre sur le graphique journalier d'EURUSD

DRPO Vendre sur graphique d'or de 4hrs

DRPO Acheter sur le graphique journalier de GBPUSD

L'action du marché poussée / tendance a baissé (1), le prix monte à travers la moyenne du 3x3 à (2), puis redescend à (3) et à nouveau à (4) avec une barre d'épingle indiquant le rejet du prix inférieur. L'achat DRPO a été confirmé par la barre haussière et le prix monte fortement pour tester à nouveau le plus haut précédent.

DRPO Vendre sur le graphique journalier d'EURAUD

Cette moyenne fonctionne aussi comme support et résistance. Lorsque le prix est supérieur à la moyenne de 3x3, la tendance est à la hausse et lorsque le prix est inférieur à la moyenne de 3x3, la tendance est à la baisse. Vous pouvez également ajouter cette information pour renforcer les signaux que vous négociez.

DRPO Vendre sur le graphique journalier d'USDCAD

DRPO Vendre sur le graphique journalier d'EURJPY

Chaque fois que vous échangez l'un de ces signaux, recherchez une conférence qui renforcera ce que vous voyez. Qu'est-ce que la conférence? Ce sont d'autres facteurs, mis à part le signal, qui renforcent le signal que vous voyez. Nous n'échangeons pas ces signaux isolément. Il doit y avoir d'autres facteurs clés qui ajouteront de la valeur à ce que nous voyons avant de considérer la transaction comme une configuration commerciale valide.

Par exemple :

- Quel délai suis-je en train de regarder? Le graphique journalier de l'est le meilleur.

- Quel marché est-ce que j'échange? Est-ce une paire Forex majeure ou une paire exotique plus volatile?

- Dans quelle condition est le marché? Tendance, consolidation?

- Où sont les niveaux de support / résistance clés évidents sur le marché? Les ai-je attirés?

- Y a-t-il un signal d'action des prix évident sur le graphique? Par exemple Pin Bar, Motifs engloutissant, etc.

- S'il y a un signal évident, a-t-il une confluence?

- Quelle confluence cela a-t-il? Tendance, support / résistance, niveau de retracement de 50%? Plus c'est mieux…

- Le signal indique-t-il le rejet d'un niveau clé du marché?

- Le signal indique-t-il une fausse cassure d'un niveau clé du marché?

Ce ne sont que quelques-unes des choses que vous souhaitez rechercher autant que possible avant de considérer une telle transaction comme une configuration de transaction valide.

Cependant, veuillez noter que chaque fois que j'échange les deux derniers signaux DRPO, je veux toujours vérifier s'ils sont formés avec des modèles de barre d'épingle ou Engulfing. Si je ne peux voir aucun de ceux-ci avec les signaux de trading de direction, je le considérerai comme non valide.

Échangez toujours les deux derniers signaux conjointement avec les deux précédents. Vous pouvez voir dans nos exemples précédents où nous avions mis en place DRPO, il y avait soit un modèle barre d'épingle, Inside Bar ou Engulfing pour renforcer la configuration de la transaction. Si vous ne voyez rien de tout cela, il vaut mieux éviter la transaction. Le marché est toujours là et les opportunités abondent partout sur le marché. Si vous manquez un métier aujourd'hui, vous obtiendrez sûrement une autre configuration de commerce parfaite à un autre moment.

Faisons un récapitulatif. Nos signaux de trading sont :

- **Barres d'épingle ;**
- **GRABBER ;**
- **Pattern Motif d'inversion à 2 barres ;**
- **Motifs engloutissant ;**
- **DRPO ;**

Ils ne sont valides et négociables que s'ils sont constitués soit sur Support soit sur Résistance.

Chapitre 5

Quand Une Configuration Du Trading Échouera

Je voudrais partager avec vous dans ce chapitre ce qu'il faut rechercher si un signal du trading ne fonctionne pas ou échouent et comment l'éviter et opter pour ceux qui se déplaceront à l'heure dans le sens de la transaction.

Prix De Décrochage Après Une Barre D'épingle

Normalement, si vous échangez la barre d'épingle ou Engulfing Patterns, à part le fait qu'ils reviennent parfois pour trouver un niveau du support pour rassembler la force pour le mouvement en ligne avec la direction de la transaction. Chaque fois vous échanger une barre d'épingle et pour les 2 ou 3 prochains jours, le prix ne monte pas ou ne fait pas de mouvement latéral, alors il est préférable de sortir de cette transaction. Cela pourrait ne pas fonctionner.

Une barre d'épingle qui fonctionne se déplacera dans votre direction le jour suivant ou deux et vous le verrez sur le graphique, mais une fois que vous verrez un trade au point mort, incapable de se déplacer au sens de votre trade, quittez le trade et payer l'écart.

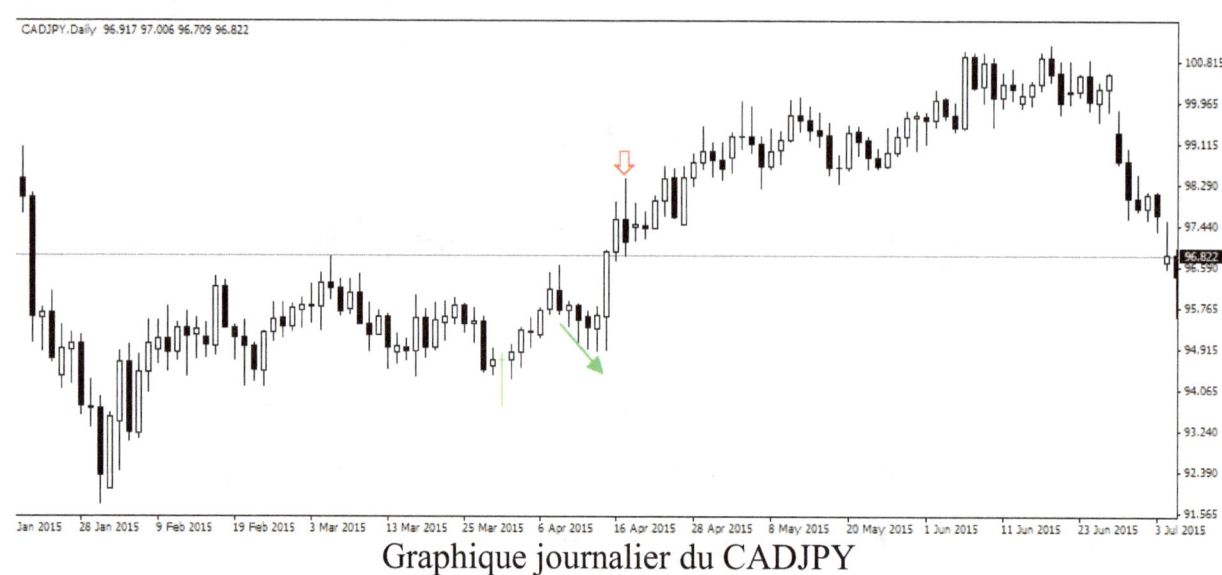

Graphique journalier du CADJPY

A titre d'exemple, dans le graphique au-dessus de CADJPY, vous pouvez voir la barre d'épingle de saisie baissière indiquée par la flèche rouge. Si vous êtes dans cette transaction et que le prix ne baisse pas comme prévu et fait un mouvement latéral ou se bloque comme on le voit dans les deux prochains jours, alors vous devez savoir que la transaction ne fonctionne pas, mieux vaut sortir et n'attendez pas jusqu'à ce que le prix atteigne votre stop-loss en pensant que la transaction pourrait encore fonctionner.

Regardez la barre d'épingle indiquée par la flèche verte, vous allez voir que même s'il n'inversera pas la tendance assez longtemps, au moins il fera quitter le marché où il doit former un nouveau creux avant de former un autre barre d'épingle pour déplacer le prix vers le haut. C'est l'une des façons de savoir si une barre d'épingle fonctionne ou non.

Graphique journalier d'AUDNZD

C'est un autre exemple d'une action de blocage du prix après une barre d'épingle. (Voir la flèche rouge).

Utilisation De Stochastique Pour Déterminer Le Momentum

J'utilise stochastique dans le cadre de mon arsenal de trading aux côtés du signal de trading. J'ai utilisé 5, 3, 3 comme paramètres pour mon stochastique. Lorsque la stochastique rapide croise la stochastique lente de bas en haut (autour du niveau 0-20), il donne un signal d'achat et quand il croise vers le bas autour de 80-100, il donne un signal de vente. C'est la façon normale de l'utiliser. Mais au fil du temps, je découvre que la stochastique peut être utilisée pour déterminer l'élan sur le marché. Si un prix se déplace rapidement dans une certaine direction, vous le saurez grâce au mouvement de la stochastique sur le graphique.

Par exemple, si vous utilisez le stochastique pour déterminer quand acheter ou vendre, en supposant que vous voulez acheter et que le stochastique rapide a traversé le stochastique lent à la hausse autour du niveau 20 et que vous placez votre échange d'achat. Avant que la stochastique n'atteigne les niveaux 80 et supérieurs, cela peut prendre 2 à 3 jours en fonction de la dynamique du marché. Mais lorsque le stochastique a touché ou presque touché la frontière opposée (niveau 80-100) un jour après la formation du signal, cela montre que l'élan de ce signal du trading est épuisé. Il est bon et préférable de se retirer du marché avant que cela ne vous soit contraire.

Par exemple, regardons le graphique ci-dessous :

Graphique journalier d'EURCAD

Dans ce graphique, voyez à quelle vitesse la stochastique s'est déplacé vers le niveau 20 depuis le haut (niveau 80) un jour après la formation du signal d'échange. Cela indique que l'élan à la baisse de ce signal est épuisé.

Normalement, si la transaction se déplace vers le bas comme prévu, le franchissement du stochastique rapide et lent devrait toujours se situer autour du niveau 80, mais lorsque vous voyez un mouvement rapide vers le bas ou vers le haut dans un ou deux jours après le signal, c'est pour vous dire l'élan est épuisé, vous devez peut-être sortir du marché.

Vous pouvez voir que cela a également été indiqué par l'action des prix sur le graphique. Après la formation de la barre d'épingle baissière du 13 Juillet 2015, le lendemain (14 Juillet 2015) le prix était toujours au même niveau, au lieu de continuer à vendre comme prévu.

C'est un autre exemple sur la paire d'EURUSD.

Graphique journalier de GBPUSD

Dans le graphique de GBPUSD au-dessus, la flèche montre une barre d'épingle qui a été formé le 13 Juillet 2015. Lorsque vous vérifiez la stochastique vous pouvez voir qu'il traverse pendant que la bougie vous dit de vendre. C'est juste pour vous faire savoir que dans la mesure où le marché est à craindre, la barre d'épingle sera mieux considéré comme un retracement du niveau de résistance (environ 1.55898 – 1.56791). La dynamique à la hausse est toujours forte, comme le montre le mouvement de la stochastique. En dehors de cela, la bougie de la barre d'épingle n'a été formée à aucun niveau clé, et vous pouvez voir que le prix augmente fortement et annule la barre d'épingle.

Graphique journalier d'USDCAD

Dans cette paire USDCAD, je vais vous montrer pourquoi vous devez rester à l'écart de ce type de configuration. La barre d'épingle a été formée autour du niveau de résistance; Cela ne fait aucun doute. Mais si vous regardez le mouvement du stochastique qu'il ne doit pas traverser vers le bas, il montre toujours une indication de remonter. Dans ce cas, cela signifie qu'il est probable que la résistance soit testée à nouveau avant que la barre d'épingle puisse fonctionner. Aimerez-vous pénétrer un marché qui vous opposera pendant quelques jours avant de réussir à évoluer? Je ne veux pas d'une telle configuration. J'évite autant que possible, vous pouvez faire ça aussi. Je veux voir une formation de la barre d'épingle où la stochastique indique vendre ou acheter par son mouvement autour de 80 ou 20 niveaux.

Voir notre configuration d'échange idéale ci-dessous :

Graphique journalier de GBPCHF

C'est une configuration d'échange idéale que vous devez toujours chercher à échanger. Vous pouvez voir la direction de la stochastique tout le temps que la barre d'épingle a été formée. Le premier indiqué par la flèche bleue, la barre d'épingle vous dit d'acheter, et stochastique dit la même chose par sa croix vers le haut. Le résultat que vous pouvez voir. De plus, la flèche verte, la bougie et l'indicateur s'alignent dans la même direction.

La flèche rouge montre que l'élan à la hausse se poursuivra à condition que vous souhaitiez échanger cette barre d'épingle. N'importe quelle configuration commerciale que vous ne pouvez pas obtenir ce type de conférence, restez à l'écart.

Graphique journalier d'EURGBP - Configuration d'échange idéale

N'acheter Pas Ou Vendre Aux Niveaux Clés

Toute transaction que vous placez très près du support ou de la résistance peut ne pas fonctionner. Un bon moyen d'échanger est de placer votre trade autour du support ou de la résistance et de placer votre objectif de profit au niveau clé suivant que vous voyez dans le sens de votre trade. Mais lorsque vous échangez contre un niveau clé, votre compte est à risque car la transaction ne peut pas fonctionner. Cela peut être contre vous pendant un certain temps avant de revenir pour tester à nouveau le niveau. Nous ne voulons pas placer une telle transaction. Cela devrait être évité à tout prix.

Graphique journalier d'EURUSD

C'est un exemple d'échange à des niveaux clés. Ici, la zone de support est marquée par la ligne horizontale, pour échanger ce type d'installation est risqué. Pourquoi? Peu importe la force et la puissance du signal que vous échangez, le marché respectera toujours une zone clé.

Vous pouvez voir qu'au lieu que le prix baisse fortement le lendemain, il a été retenu par la zone du support. Jusqu'à ce que le prix casse ce support, on est sûrs que le signal fonctionnera. Sinon, la meilleure façon de faire face à ce type de situation est de :

1. Restez à l'écart ou ;

2. Attendez que le marché casse la zone (éclatement) avant d'entrer sur le marché.

Voir un autre exemple ci-dessus :

Graphique journalier d'EURCAD

La zone d'appui est marquée par la ligne horizontale rouge. Le marché réagit à la zone du support ; pourquoi il n'est pas vendu comme prévu. Vous aurez besoin d'une pause de cette résistance transformée en support avant de pouvoir échanger ce type de configuration. Mais il est préférable de trouver une configuration qui ne sera gênée par aucun obstacle tant que votre objectif n'aura pas été atteint.

Exemple De Configuration Idéale D'échange

J'ai inclus ici une série d'exemples sur la façon d'échanger l'un des signaux – La barre d'épingle et ce qu'il faut rechercher (preuves ou conférence).

Dans tous ces transactions, nous échangeons la barre d'épingle :

Première Preuve:

La barre d'épingle a été formée sur Support ou Resistance - vous pouvez le voir sur le graphique.

Deuxième Preuve:

Chaque fois que la barre d'épingle a indiqué s'il fallait acheter ou vendre, la stochastique confirme ce que le signal dit. Il s'agit d'un alignement entre la bougie et l'indicateur, la preuve que nous devons toujours rechercher.

Troisième Preuve:

Une partie de la barre d'épingle a été formée pour inverser la tendance, tandis que d'autres ont été formées pour mettre fin à un retracement.

Les exemples ci-dessous sont tous tirés du graphique journalier du GBPCHF :

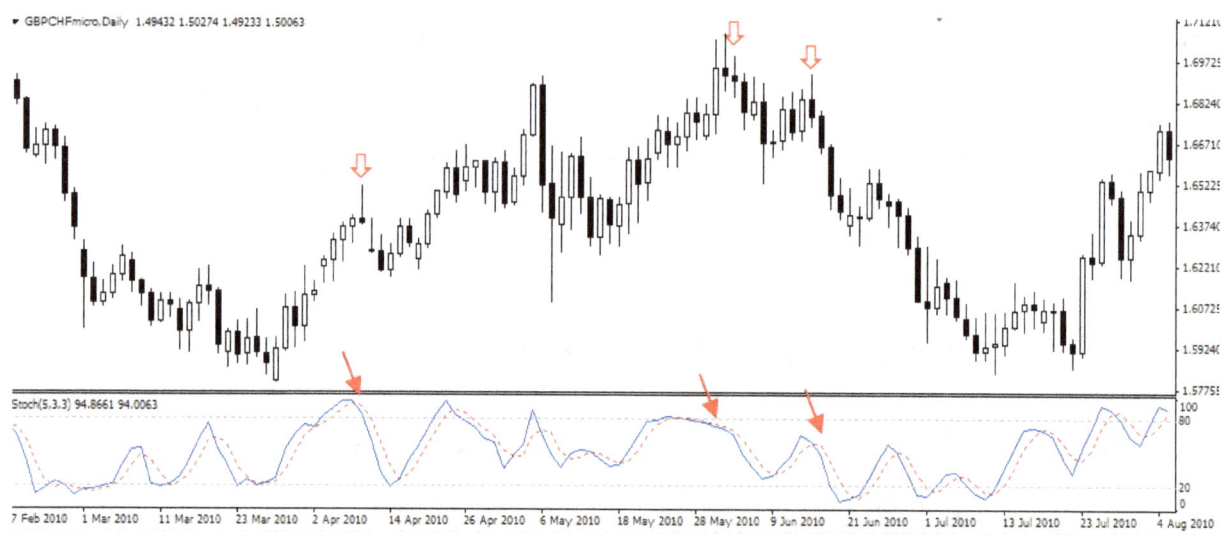

La barre d'épingle et configuration d'échange engloutissant sont présentés dans le graphique journalier de GBPCAD ci-dessous:

Chapitre 6

Gestion Des Risques Et De L'argent

La gestion des risques et de l'argent est l'acte de gérer votre capital de négociation de telle manière que même s'il y a des périodes de pertes dans votre trading, vous serez toujours en affaires. Vous pouvez avoir une bonne stratégie, comme je l'ai partagé avec vous dans cet ouvrage, si vous n'avez pas une bonne gestion de l'argent, vous allez bientôt faire sauter votre compte ou simplement atteindre le seuil de rentabilité, même si vous en avez.

Je dois vous faire savoir qu'une bonne gestion de l'argent avec un plan de trading est comme le chauffeur qui vous conduira à destination dans le Forex. Perdez-le et vous invitez votre sortie de l'entreprise très bientôt.

Risque

Après avoir trouvé un signal valide et échangeable, la prochaine chose que vous devez calculer est votre risque. Combien est-ce que je risque dans cette transaction? Cela devrait être le prochain ordre du jour que vous devez régler avant de placer votre transaction.

C'est un slogan commun dans les affaires Forex qui ne risque pas plus de 2-3% de votre capital. Bien que cette philosophie soit bonne, je crois à quel point vous risquez d'avoir à voir avec la personnalité du commerçant. En supposant que nous avons 5 commerçants différents chacun avec un capital de $1000. Certains peuvent facilement perdre $100 dans tous leurs transactions combinés sans affecter leurs émotions, tandis que d'autres ne peuvent pas se permettre cette grosse perte. Ils sont d'accord avec $50 ou moins sur $1000 de capital.

Dans mon propre style de trading, je suis d'accord avec 10% de mon capital. C'est mon risque pour tout volume d'échange que je prends. Mais ne risquez pas plus de 10% au maximum. Vous pouvez commencer avec 2-3% de votre capital. Regardez un pourcentage de votre capital que lorsque la transaction va contre vous, vous ne vous mordez pas le doigt et ne vous déprimez pas. Si 2% ou 3% ou 5% vous conviennent, respectez-le. Trouvez ce qui fonctionne pour vous et respectez-le.

Par exemple, si j'échange avec un capital de $1000. Je suis à l'aise avec un risque de $100 par volume d'échange. Il ne peut pas être dans une seule transaction, en supposant que j'échange 2 paires; Je devrai utiliser le dimensionnement de la position pour déterminer la taille du lot à traiter dans chaque transaction afin de ne pas perdre plus de $100 dans les deux transactions en supposant que cela va contre moi. Et s'il ne s'agit que d'un seul échange, le maximum de confort est de perdre $100.

L'essence de rester avec un risque confortable - la gestion de l'argent est de s'assurer que vous êtes en affaires même si vous subissez régulièrement une série de pertes. Supposons maintenant que j'ai un capital de $1000 et que mon risque maximum est 3%. Cela signifie que si je perds par transaction, je suis d'accord avec $30. Maintenant avec 3% de risque par transaction, en supposant que je continue de perdre dans chaque transaction. Je devrai perdre 33 fois avant de faire exploser mon capital. Si j'utilise un risque maximum de 10%, je devrai continuer à perdre jusqu'à 10 fois consécutivement avant de faire sauter un compte de $1000.

Cette information doit être prise en compte lorsque vous effectuez des transactions afin de ne pas prendre n'importe quelle taille de lot lorsque vous souhaitez effectuer des transactions. Mais la bonne nouvelle est qu'avec une bonne stratégie de trading comme celles que j'ai partagées avec vous dans les chapitres précédents, il est impossible de perdre de manière cohérente de suite, sauf si vous ne faites pas la bonne chose.

Si vous échangez la barre d'épingle tout seule, (Retournez au graphique et comptez le nombre de fois que la barre d'épingle s'est formée sur le graphique pour une période de temps donnée), vous allez voir que même si cela ne fonctionne pas, peut-être au plus 3 transactions sur 10 transactions. Cela signifie que si vous risquez $30 par transaction, et votre récompense est $30, le total de 10 transactions est $30 x 10 = $300 tandis que votre total perd est $30 x 3 = $90. Votre profit à la fin de votre total de transactions sera de $210. Cela peut être plus que cela à condition que vous obteniez une récompense de deux fois votre risque.

Récompense

Une fois vous tenez compte de votre risque, la prochaine chose à rechercher est votre récompense. La récompense est de savoir combien cette transaction me rapportera des bénéfices s'il fonctionne. Je risque $30, peux-je obtenir jusqu'à $60 ou plus que ce que je risque? Le rapport risque-récompense le plus acceptable est de 1:2.

Cela signifie pour savoir si le commerce vous donnera jusqu'à deux fois le montant que vous risquez. Parfois, vous ne pouvez pas y arriver. Peut-être 1:1 ou 1:1,5 mais c'est mieux si vous pouvez obtenir au moins un rapport risque-récompense de 1:1,5.

Regardons ce scénario. J'ai un capital de départ de $1000, mon risque est 10%, soit $100. En un mois, si le nombre total de transactions que je suis en mesure d'échanger est 10, le rapport risque-récompense est 1: 2, ce qui signifie que pour chaque risque de $100, je récupère $200 en bénéfices.

Désormais sur 10 transactions. J'ai gagné 5 et perdu transactions 5.

5 transactions réussies me donneront $200 x 5 = $1000 (Pour chaque transaction réussie avec un risque de $100, je reçois $200 de profit)

5 transactions infructueux me donneront $100 x 5 = $500

Mon trade total rentable est de $1000, tandis que ma perte est de $500. À la fin du mois, j'aurai un profit de $500 ajouté à mon capital ou mes capitaux propres.

Imaginez maintenant si le rapport risque-récompense est 1:1. Cela signifie que pour chaque transaction réussie, je recevrai $100 de profit pour avoir risqué $100. Avec le même nombre total de défaites et de victoires.

5 transactions réussis me rapporteront $500 tandis que 5 transactions infructueuses me rapporteront également $500.

À la fin du mois, je vais juste atteindre le seuil de rentabilité. Pas de profit ni de perte.

Nous sommes dans le Forex pour profiter et non pour atteindre le seuil de rentabilité. Il est très nécessaire et vital de toujours rechercher une transaction qui vous rapportera beaucoup plus que ce que vous risquez par transaction. C'est pourquoi un bon rapport risque-récompense de 1:2 ou 1:1,5 vous fera toujours profiter à la fin du mois que de risquer votre argent pour chaque transaction 1:1 risque-récompense que vous voyez.

Taille de la position

Après avoir déterminé votre risque et votre récompense, la prochaine chose est la taille de votre position. Le dimensionnement des positions intervient lorsque vous souhaitez placer votre transaction. Le dimensionnement de la position est la colle qui maintient le rapport risque / récompense ensemble. Cela vous aide à savoir combien de lots vais-je placer pour cette transaction avec ce risque particulier ?

Par exemple, si je risque $30 dans une transaction et que le stop-loss est de 100 pips, cela signifie que la transaction va aller contre moi 100 pips avant de perdre $30. Ensuite, sur la plate-forme de mon courtier, je devrai calculer une taille de lot qui me donnera une valeur pip qui s'élèvera à $30 pour 100 pips.

Selon le type de compte, vous ouvrez un compte micro ou standard. Ouvrez un compte démo et ouvrez des transactions dans chaque taille de lot en commençant par 0,01 lot pour connaître l'équivalent en pip pour chaque devise que vous souhaitez échanger. Une taille de lot standard est de $10 par valeur pip. Pour certaines devises, ce n'est peut-être pas $10, peut-être $9,98 ou moins.

En supposant maintenant que vous avez pu calculer que la taille de 0,01 lot vous donnera une valeur de 0,1 pip, la taille de 0,02 vous donnera une valeur de 0,2 pip, etc. Une fois que vous avez découvert cela, puis avec 100 stop-loss, chaque 100 pips vous donnera $10. Pour perdre $30, la taille de lot à échanger sera de 0,03.

Cela signifie qu'une valeur pip sera équivalente à $0,3 ($30 / 100pips) et que ce commerce devra se déplacer contre vous pendant environ 100pips avant de perdre $30 de cette transaction.

Votre risque déterminera la taille de la position à utiliser. Ce n'est pas votre stop-loss. La plupart des traders gâchent la taille de la position en ajustant leur stop-loss à la taille de position souhaitée au lieu d'adapter leur taille de position à la perte stop souhaitée. Par exemple, si j'échange de l'or et que la configuration nécessite un stop-loss de 150 pips, et mon risque est de $30. Ma récompense calculée est de $60. La taille du lot à prendre sera de 0,02. Pour chaque déplacement de $0,2 pip, un déplacement de 150 pixels équivaut à $30.

Pour illustrer l'exemple d'ajustement de la taille de votre position pour l'adapter au stop-loss nécessaire, examinons ci-dessous un graphique journalier de la paire de devises AUDNZD.

Rapport risque-récompense

Supposons que notre montant de risque souhaité soit de $30, mais notre distance de stop-loss nécessaire est de 87 pips car le point le plus sûr pour notre stop-loss dans cet exemple est juste en-dessous du bas de la barre d'épingle. Ainsi, après avoir divisé le montant du risque par la distance de stop loss ($30 / 87), nous obtenons 0,345.

Maintenant, certains courtiers vous permettent d'échanger des micro-lots, cela signifie essentiellement que vous avez la possibilité d'échanger une taille de position aussi petite que 1 penny par pip, dans ce cas, vous pouvez échanger 3,4 micro-lots (0,34 cents par pip), à 0,34, votre risque sera d'un peu moins de $30 (0,34 x 87 = $30,0). Si vous utilisez un courtier qui n'autorise pas le trading de micro-lots, alors les mini-lots sont votre prochaine option, généralement ce sont des incréments flexibles allant jusqu'à 10 cents, cela signifie que vous pouvez trader 10 cents par pip à la plus petite taille de position. Dans ce cas, vous échangeriez seulement 0,30 lots, ce qui représente (0,30 x 87) $26,1 à risque. C'est ainsi que vous devriez voir le dimensionnement de la position; ajustez toujours le nombre de lots que vous échangez (taille de la position) pour respecter la distance de stop-loss. Cela donne à votre transaction les meilleures chances de profit.

N'ajustez JAMAIS votre stop-loss pour atteindre la taille de position souhaitée, c'est de la GREED.

Essayez autant que possible de connaître la valeur pip de chaque paire que vous échangez en fonction du type de compte que vous ouvrez pour vous aider à décider du choix de la taille de lot appropriée à échanger.

En outre, gardez toujours votre risque cohérent et ne touchez jamais à votre transaction tant que votre transaction est en cours. La configuration n'est invalidée que lorsque votre stop-loss est atteint ou que vous échangez une configuration qui se bloque pendant les 2 ou 3 prochains jours.

En supposant que vous échangez une barre d'épingle, vous considérerez que la transaction de barres d'épingles est invalidée si le prix casse le haut ou le bas de la barre. Il est normal pour une transaction de barre d'épingle de revenir dans le corps de la barre. Tant que le plus bas ou le plus haut n'est pas cassé, la transaction est toujours valide et vous vous rendrez beaucoup service si vous ne touchez pas à la transaction en quittant prématurément quand il va contre vous. C'est pourquoi il est très important de bien faire votre analyse, de calculer combien vous risquez pour cette transaction avant d'entrer. Cela vous aidera à atténuer les sensations émotionnelles qui peuvent survenir lorsque la transaction n'a pas évolué dans le sens souhaité à temps.

Cependant, je dois vous faire savoir que vous devez effectuer des transactions de démonstration en utilisant le capital que vous souhaitez utiliser pour des transactions réelles, c'est-à-dire que vous financez votre compte de démonstration à $200 si vous souhaitez commencer à échanger en direct à $200. Financer un compte démo avec $5000 et vous prévoyez de commencer le commerce à vie avec $200 ne vous préparera pas bien aux éventualités que ce commerce à vie présenterait. En d'autres termes, les sentiments concernant le volume des échanges ne seraient pas bien ajustés.

Une autre chose digne de mention est le fait que les petits capitaux peuvent facilement être effacés sur une période plus longue si les précautions extrêmes et la gestion de l'argent ne sont pas bien appliquées. Vous n'utilisez pas une taille de lot de 0,5 sur un graphique de 30 minutes avec un capital de $200 ou $500, puis passez à un graphique quotidien avec le plan pour utiliser la même taille de lot avec le même capital! Ajustez la taille de votre position avec votre risque.

Ne risquez jamais plus de 5% comme un débutant.

Chapitre 7

Trading En Tant Qu'un Business

Trading sur Forex est un business comme tout les business que nous avons sur le marché. Il est nécessaire de mettre de côté un plan qui vous guidera et vous tiendra responsable de la façon dont vous mettrez en œuvre vos stratégies de trading et vous aidera à atteindre votre objectif hebdomadaire ou mensuel. Si vous créez un projet concret, vous devez rédiger votre business plan, cela s'applique également au trading. Nous l'appelons le plan de trading.

Le plan de trading doit être considéré comme un modèle ou une liste de contrôle pour le trading sur le marché. Cette liste de contrôle contiendra tous les aspects de vos stratégies de trading ainsi que la gestion des risques et de l'argent qui agit comme un guide objectif pour trader au marché. Il indiquera également vos objectifs globaux à court et à long terme en tant que trader et vous fournira une liste de contrôle claire sur la façon de les atteindre.

Le succès sur le marché est une fonction de la discipline, et la plupart des gens n'ont tout simplement pas suffisamment d'autodiscipline pour déterminer s'ils négocient émotionnellement ou objectivement. C'est le vide qu'un plan commercial est censé combler. Il agira comme un guide qui vous gardera sur la voie du trading discipliné. Une fois que vous avez rédigé votre plan de trading, vous devez vous assurer de vous en tenir responsable. Cela est nécessaire pour réussir dans le trading du marché.

La plupart d'entre nous ont l'habitude de travailler un jour où vous reprendrez le travail à 8h et repartirez à 16h. Ce cycle de routine des heures de travail nous oblige à rendre des comptes à notre patron. Mais dans le Forex, vous êtes votre propre patron; vous avez besoin de quelque chose pour vous tenir responsable afin d'éviter d'échanger émotionnellement et d'appuyer sur la gâchette chaque fois que vous voyez le mouvement du marché. Toute configuration commerciale que nous voulons prendre doit respecter toutes les listes de contrôle de notre plan d'échange, sinon elle ne mérite pas de risquer notre capital. Faire cela assurera que nous négocions objectivement et non par des émotions.

Un plan de trading vous aide à:

- Suivre vos progrès dans le trading ;
- Tenez-vous responsable et contrôlez l'entreprise.

Ce qui suit est ce que vous devez inclure dans votre plan de trading.

- ➢ Énoncez vos objectifs à court terme et à long terme dans le trading du marché ;
- ➢ Date et heure de la transaction ;
- ➢ Définissez vos stratégies de trading et tous les aspects de la façon dont vous allez analyser et échanger le marché ;
- ➢ Définissez votre stratégie de gestion de l'argent - cela inclut votre risque, votre récompense ;
- ➢ Paires de devises à échanger.

Voyons un exemple d'un plan de trading typique :

Plan De Trading Sur Forex

Exemple A

Capital De Démarrage: $1000

Objectifs Commerciaux:

Objectifs à court terme:

- Pour faire des profits constants et compléter mon revenu mensuel.
- Être un commerçant discipliné et rentable.

Objectifs à long terme:

- Pour augmenter la taille de mon compte jusqu'à $10000 grâce à ma stratégie de trading

Stratégie Commerciale:

- Parcourez le marché à la recherche de Pin Bar, de modèles engloutissant et de DRPO
- Stratégie sur le graphique journalier.

Temps D'analyse: À la fin de chaque jour de marché

Critères Pour Le Trading

- Barre d'épingle / motif engloutissant formé sur les niveaux clés avec d'autres preuves à l'appui comme la divergence, la position stochastique (signal de vente ou d'achat)

Paires De Monnaies :

- Tous les marchés au moins 20 paires

Gestion Des Risques Et De L'argent

- Exposition maximale au risque par transaction = 3% ($30)

- Récompense: Minimum de deux fois mon risque = 6% ($60)

- Montant de retrait par mois = 10% de mon solde actuel

Sample Plan B

Capital: $1000

Risque par volume d'échange: 3% ($30)

Délai: 4heures, tous les jours.

Objectif: $400 par semaine

Nos métiers à atteindre la cible: minimum de 2 métiers par semaine

Marché: tous les marchés, y compris les matières premières, 20 paires

Stratégie: Barre d'épingle, motif engloutissant, avec DRPO

Critère d'entrée:

- Barre d'épingle / engloutissant sur les zones clés ;

- Position stochastique (achat ou vente) en ligne avec la direction de la barre d'épingle ;

- Divergence (oui ou non).

Critère de sortie:

Quittez lorsque l'objectif de profit est atteint.

Un plan de trading doit être flexible et spécifique à vous et à vos besoins personnels. Vous pouvez également indiquer votre objectif hebdomadaire et mensuel et la stratégie que vous souhaitez utiliser pour y parvenir. En tout, un bon plan commercial doit avoir un élément de l'échantillon ci-dessus.

Vous avez besoin de discipline pour mettre en œuvre votre plan de trading. Il ne suffit pas d'avoir un plan commercial; vous devez vous assurer de suivre votre transaction avec votre plan de trading. C'est le seul moyen de réussir et de rester rentable au fil du temps en négociant sur le marché.

Chapitre 8

Conclusion

A part d'avoir une bonne stratégie comme je l'ai partagé avec vous au-dessus et les conditions préalables nécessaires au trading avec succès. Il est primordial d'avoir un bon courtier de confiance pour trader sur sa plateforme. Lorsque j'ai commencé à trader, j'ai été présenté à l'un des courtiers familiers. Mon expérience avec ce courtier été très mauvaise. Ils chassent mon arrêt et j'ai eu une série de dérapages sur leur plate-forme que j'ai appelé leur attention, malheureusement pour moi, ils utilisent leurs termes et conditions pour me voler mon argent. De nombreux autres traders qui utilisent leur plate-forme connaissent également ce même problème. J'ai dû vider leur plateforme et chercher un meilleur courtier qui sera simple et honnête dans les transactions commerciales avec moi.

Si vous voulez connaître un bon courtier, la première chose à faire est de rechercher des avis sur leurs services auprès d'autres traders qui ont utilisé leur plate-forme. Vous pouvez rechercher sur Google ou vous rendre sur forexpeacearmy.com sous la revue des courtiers, vous verrez une liste de tous les courtiers et les opinions de plusieurs traders du monde entier sur leur plate-forme.

La deuxième chose que vous recherchez est le service client. À quelle vitesse répondent-ils lorsque vous leur envoyez un mail sur un problème que vous rencontrez sur leur plateforme? Les relations avec le service client font partie de tout le business. Quelle que soit la qualité de votre produit, si un business manque de bonnes relations avec la clientèle, ce n'est qu'une question de temps, le business se repliera. Les clients ont un moyen de diffuser de bonnes nouvelles sur un business qui les traite bien de la même manière. Un excellent service client est une clé. Si vous envoyez un courrier à un courtier et que le courtier prend 3-4 jours pour répondre à votre demande ou qu'il ne vous répond même pas du tout, évitez un tel courtier.

La prochaine chose que vous recherchez est leurs services. Qu'offrent-ils? Quels instruments ou devises pouvez-vous échanger sur leur plateforme? Ont-ils des bonus sur les dépôts? Et plusieurs trucs comme ça. Vous devez rechercher sur leur site Web pour découvrir ce qu'ils offrent et ce qui les rend meilleurs que les autres.

Voila quelques-uns des rares courtiers que j'avais l'habitude d'échanger avec. Depuis que j'échange avec eux, je n'ai aucun problème. Je peux donc vous les recommander.

InstaForex

InstaForex est un courtier ECN opérant sur le marché des changes Forex depuis 2007. Plus de 2 millions de traders sont devenus les clients de l'entreprise à travers le monde. Plus de 1,000 clients ouvrent chaque jour de nouveaux comptes de trading. Les clients InstaForex ont accès à un grand nombre d'opportunités pour un trading efficace et rentable sur le Forex. Leur assistance technique et client 24/7 est toujours à portée de main.

Ils offrent des produits de programme tels que le système PAMM dans le cadre duquel on peut investir dans les traders les plus performants. Une autre option est ForexCopy - un service de copie commerciale - qui vous donne la chance de reproduire le succès de traders plus expérimentés, gagnant ainsi sur le Forex sans trop d'effort.

InstaForex a un très bon service client. Ils répondent à votre requête très rapidement comme la vitesse de la lumière. Je leur ai envoyé un mail vers 7h12 et moins de 3h j'ai eu une réponse (9h53). Voir un instantané ci-dessous. C'est ce que vous recherchez chez un bon courtier.

> **InstaForex Support** <support25@mail.instaforex.com> Mon, Jul 6, 2015 at 7:12 AM
> To: Stephen Ayodele <yehudiisrael@gmail.com>
>
> Dear Client,
>
> Regarding your issue about pin code, please provide us a new desired pin code that you want to set. Do mention a time when we can contact with you about changing your pin code.
> Thank you.

> **Stephen Ayodele** <yehudiisrael@gmail.com> Mon, Jul 6, 2015 at 9:53 AM
> To: InstaForex Support <support25@mail.instaforex.com>
>
> Hello,
>
> Thanks for your reply. Kindly find attached file my passport with a picture of myself holding it for your perusal.

Malheureusement, ils n'acceptent pas le citoyen Américain comme client. Tout autre citoyen du pays peut postuler.

Courtier de XM

Avec plus de 300,000 comptes réels ouverts depuis sa création en 2009, XM est devenue une grande société d'investissements internationaux bien établie et un véritable leader de l'industrie. XM a son siège social à Chypre et des bureaux de représentation opèrent dans des espaces stratégiques de la Hongrie et de la Grèce.

XM emploie actuellement plus de 150 professionnels dont l'expertise combinée représente le plus grand bassin de talents à trouver chez n'importe quel courtier de Forex. Leur vaste expérience combinée à la prise en charge de plus de 20 langues fait le courtier de XM le choix pour les traders de tous niveaux, partout. Ils ont l'expertise et les ressources pour aider tout le monde à atteindre leurs objectifs d'investissement, comme seul un grand courtier peut le faire.

- Plus de 300,000 comptes ouverts ;
- Traders de 196 pays ;
- 25 méthodes de paiement sécurisées ;
- 8 plateformes de trading complètes ;
- Plus de 20 langues prises en charge ;
- Service client personnalisé 24h/24h ;
- Echanger avec XM ça-veut-dire échangé avec un courtier qui est loyal et réputé. XM est autorisé et réglementé par CySEC et ASIC ;
- Tous les clients bénéficient des mêmes conditions équitables et éthiques de trading, quelle que soit leur valeur nette de capital, format de leur investissement ou leur type de compte.

Un bonus de 50% est automatiquement ajouté à tous les dépôts effectués dans votre compte jusqu'à $500 ou l'équivalent en devise. Chaque client financé a la possibilité de s'inscrire automatiquement au programme de fidélité XM qui leur attribue des XMP (XM Points) pour chaque transaction qu'ils effectuent, ce qui leur permet de gagner des récompenses infini, et il n'y a aucun frais sur les dépôts et les retraits.

Veuillez noter que XM n'accepte pas les clients de New Zealand, USA, Québec, Canada. Par contre, il accepte les clients de l'UK, Brésil, etc.

Ce sont deux courtiers que j'utilise pour mes transactions. L'un des avantages de l'utilisation de nombreux courtiers est que si sur le courtier A, le graphique de la bougie qu'a un signal particulier que je veux échanger ne s'affiche pas très bien à cause de la différence d'horaire de la zone, si je vérifie le courtier B, je vais le voir clairement et je peux placer la transaction.

Enfin, commencez par la barre d'épingle en premier, une fois que vous avez développé votre confiance et maîtrisé cette stratégie de trading, vous pouvez ajouter 2 Bar Reversal Pattern, Engulfing patterns et DRPO dans cet ordre.

Faites des échanges de démonstration pendant un certain temps et lorsque vous passez à un compte réel, assurez-vous de respecter strictement le bon principe de gestion de l'argent consistant à ne pas négocier plus de 5% de votre compte à la fois. Si vous ne le faites pas, malgré la bonne stratégie en main, vous aurez toujours du mal à gagner sur le marché du Forex.

Je crois fortement que si vous appliqué cette stratégie comme il faut, vous obtiendrez un avantage sur le marché et échanger d'une manière rentable.

Si vous avez des questions, feedbacks, ou des problèmes dans votre trading, veuillez me contacter via l'adresse ci-dessous. Je vais vous répondre et vous accompagner dans votre parcours du trading.

Cordialement

Stephen Benjamin

****

Merci d'avoir lu jusqu'ici! Si vous avez apprécié cet ouvrage ou vous l'avez trouvé utile, je serais très reconnaissant de poster un court review sur le site auquel vous avez acheté cet ouvrage. Votre support compte beaucoup pour moi, et je lis tous les reviews moi-même pour que je puisse avoir vos feedbacks et optimiser cet ouvrage beaucoup mieux.

****

www.ingramcontent.com/pod-product-compliance
Lightning Source LLC
Chambersburg PA
CBHW060422220526
45465CB00008B/2978